Literarische Selbstverortung als historische Handlung

Zivilisationen & Geschichte
Herausgegeben von
Ina Ulrike Paul und Uwe Puschner

Band 14

PETER LANG
Frankfurt am Main · Berlin · Bern · Bruxelles · New York · Oxford · Wien

Anne Katherine Kohlrausch

Literarische Selbstverortung als historische Handlung
The Travels of Dean Mahomet, 1794

PETER LANG
Internationaler Verlag der Wissenschaften

Bibliografische Information der Deutschen Nationalbibliothek
Die Deutsche Nationalbibliothek verzeichnet diese Publikation in
der Deutschen Nationalbibliografie; detaillierte bibliografische
Daten sind im Internet über http://dnb.d-nb.de abrufbar.

Umschlaggestaltung:
Olaf Glöckler, Atelier Platen, Friedberg

Umschlagabbildungen:
Bengal Atlas, James Rennell,
Staatsbibliothek Berlin, Kart E 4970.

Gedruckt auf alterungsbeständigem,
säurefreiem Papier.

ISSN 1867-092X
ISBN 978-3-631-61176-0
© Peter Lang GmbH
Internationaler Verlag der Wissenschaften
Frankfurt am Main 2011
Alle Rechte vorbehalten.

Das Werk einschließlich aller seiner Teile ist urheberrechtlich
geschützt. Jede Verwertung außerhalb der engen Grenzen des
Urheberrechtsgesetzes ist ohne Zustimmung des Verlages
unzulässig und strafbar. Das gilt insbesondere für
Vervielfältigungen, Übersetzungen, Mikroverfilmungen und die
Einspeicherung und Verarbeitung in elektronischen Systemen.

www.peterlang.de

Danksagung

Meinen Eltern danke ich dafür, dass sie meine Lust an Geschichte, Lesen und Schreiben geweckt und mein ausgiebiges Studium ermöglicht haben.

Diese Arbeit, sowohl in ihrer Form als Magisterarbeit als auch in ihrer Form als Buchpublikation, konnte nur zustandekommen, weil meine Freundinnen und Freunde mich so wunderbar inspiriert, begleitet, unterstützt, abgelenkt, ermutigt, kritisiert und herausgefordert haben.

Ebenfalls danke ich dem Sonntagskolloquium und den Freundinnen und Freunden, die die Entstehung der Arbeit mit ihrer konstruktiven Kritik begleitet und mich in den Korrekturphasen unterstützt haben.

Schließlich danke ich Ina Ulrike Paul, die mich in ihr Kolloquium aufgenommen und beide Entstehungsprozesse konstrukiv und voller Freundlichkeit begleitet hat. Ihr und Uwe Puschner danke ich für die Aufnahme meiner Arbeit in die Reihe „Zivilisationen und Geschichte". Ich danke Sebastian Conrad für die zweite Begutachtung der Magisterarbeit.

Schließlich gilt mein besonderer Dank Rebekka von Mallinckrodt für die inspirierende, freundliche und kritische Betreuung meiner Arbeit.

Abstract

Dean Mahomet was born in Patna, Bengal in 1759. He became part of a captain's entourage in the East India Company's army at the age of ten, and after 15 years of continuous travelling in the army, Mahomet accompanied his patron to Cork, Ireland. In 1794, while living with his late patron's familiy, he published an account of his life and travels in the army called *Travels of Dean Mahomet*, which he adressed to his new social milieu, the Anglo-Irish elite of Cork.

In this account he emphasizes his locations within the East India Company's army as well as within *India*, the country he travelled and helped conquer. *Travels* thus depicts the self-positioning of the protagonist, but also of the narrator describing landscapes, military moves and local customs.

The following interpretation of *Travels* analyses these positionings of the self in the context of colonial spatial discourses and practices and relates these to the location of the author in his social setting, thereby developing and proposing an analytical method which enables one to read literary descriptions of space and self as relevant historical actions which shed light on the social situation of an author and his agency in it.

Résumé

Dean Mahomet naît à Patna, au Bengale, en 1759. À l'âge de dix ans, il entre dans l'entourage du capitaine Baker, officier dans l'armée de la Compagnie des Indes Orientales. Après avoir voyagé avec l'armée pendant quinze ans, Mahomet accompagne son protecteur à Cork, Irlande. En 1794, alors qu'il demeure auprès de la famille de son défunt protecteur, il publie le récit de ses voyages avec l'armée, *Travels of Dean Mahomet*, ouvrage adressé à l'élite anglo-protestante d'Irlande qui constitue alors son nouveau milieu social.

Dans ce récit, il évoque en détail les différentes positions qu'il a occupées à la fois au sein de l'armée et dans le pays qu'il a parcouru et aidé à conquérir: l'Inde. *Travels* retranscrit non seulement le positionnement du protagoniste, mais aussi celui du narrateur, qui décrit les paysages, les déplacements de l'armée et les coutumes locales.

L'ouvrage analyse d'un point de vue littéraire et historique ces „prises de position" au sein des pratiques et discours spatiaux coloniaux et tente de les rapporter à la situation sociale de l'auteur. Pour ce faire, une méthode d'analyse est proposée qui permet de lire les descriptions littéraires de l'espace et du soi comme des actions historiques mettant en lumière l'*agency* d'un auteur au sein de son milieu social.

Vorwort

Darstellungen der multikulturellen Gesellschaft und der gegenwärtigen Globalisierungstendenzen suggerieren immer wieder, dass die Welt erst in jüngster Zeit in dieser Form zusammengewachsen sei. Auch wenn dies im Hinblick auf die neuen Medien und das quantitative Ausmaß der Verflechtung nicht zurückzuweisen ist, so reichen diese Phänomene doch viel weiter zurück, als die tagesaktuelle Diskussion nahelegt. Bereits in der häufig als statisch wahrgenommenen Frühen Neuzeit gab es *global players* wie die East India Company und Existenzen wie Dean Mahomet, die sich zwischen den kulturellen Räumen bewegten.

Theoretisch anspruchsvoll und historisch detailliert legt Anne Kohlrausch dar, was dies im konkreten Fall bedeutete: Dean Mahomet trat bereits mit zehn Jahren in die britische Bengal Army ein und folgte als junger Mann seinem väterlichen Vorbild Godfrey Evan Baker nach Irland. Als er seine *Travels* 1794 veröffentlichte, lebte er schon mehr als zehn Jahre in Europa und versuchte nun einem britischen Publikum den indischen Subkontinent nahezubringen. In Indien als Angehöriger der Armee der East India Company in die Nähe der britischen Herrschaftsmacht gerückt und in Großbritannien sichtbar nicht der einheimischen Bevölkerung zugehörig, erlebte Dean Mahomet die Ambivalenzen und Spannungen einer durch Kolonialgeschichte und Migration geprägten Biographie, wie sie auch heute zahlreichen Lebensläufen zu eigen ist, d.h. sowohl der einen, als auch der anderen Nation anzugehören, aber weder der einen, noch der anderen ganz zugehörig zu sein. Seine *Travels* sind insofern auch ein Versuch, sich angesichts dieser Lage selbst zu verorten und in seinem britisch-irischen sozialen Netzwerk zu situieren.

Es bleibt zu hoffen, dass mit der verstärkten Untersuchung der Auswirkungen der Prozesse der Verflechtung und des Austausches auf konkrete Biographien, wie Anne Kohlrausch sie hier vorgenommen hat, ergänzend zu den in den 1990er Jahren besonders intensiv erforschten Erinnerungsorten der Nation ebenso die Wurzeln unserer multikulturellen Gesellschaft freigelegt werden und somit eine komplementäre Traditionslinie unserer Gegenwart ans Licht gehoben wird.

Rebekka v. Mallinckrodt

Inhaltsverzeichnis

1. Einleitung..13
2. *The Travels of Dean Mahomet*: Text, Autor und Forschung 15
   2.1 Dean Mahomets Biographie...15
   2.2 *The Travels of Dean Mahomet* 18
   2.3 Das Genre 19
   2.4 Michael Fishers Forschungen zu *Travels* und Dean Mahomet..............22
3. Konzepte und Methoden 27
   3.1 Der Raum im Diskurs: kulturelle Hybridität und der *third space* 27
   3.2 *Agency*, Selbstzeugnisse und historischer Raum..............................32
4. Der Raum des Schreibens. Dean Mahomet in Irland...............................37
   4.1 Indische Immigranten in Irland und Großbritannien..........................37
   4.2 Dean Mahomet und die anglo-irische Elite......................................41
5. Der Raum der Erzählung. Die East India Company und die
   Kolonisierung des Indischen Subkontinents 45
   5.1 Die East India Company auf dem Indischen Subkontinent im
       18. Jahrhundert..45
   5.2 Die Bengal Army..48
   5.3 Konstruktion und Repräsentation historischer Räume.......................50
   5.4 Landeskenntnis..53
6. Dean Mahomets Selbstverortung in *Travels*.......................................59
   6.1 Selbstverortung im Reisebericht..60
   6.2 Selbstverortung in *Travels*..64
      6.2.1 Überblick und Einblick..64
      6.2.2 Zugehörigkeit und Divergenz..77

6.3 Erzählte Räume und historischer Kontext 89

7 Schlussbetrachtung: Selbstverortung als historische Handlung.......................97

Literaturverzeichnis 103

1. Einleitung

„The Travels of Dean Mahomet, a Native of Patna in Bengal through Several Parts of India, While in the Service of The Honorable The East India Company Written by Himself, In a Series of Letters to a Friend"

Unter diesem Titel erschien 1794 in Cork, Irland, der Reisebericht Dean Mahomets.[1] Bereits der Titel verweist auf die Besonderheit dieses Berichts und auf die Elemente, die der folgenden Untersuchung zugrunde liegen. Dean Mahomet schreibt als Bengale für ein englisches Publikum über seine Heimat und kehrt so die Perspektive dieses für seine Zeit so charakteristischen Genres, den Blick auf eine Fremde, um. Er bezieht sich auf einen historischen Raum, *India*, der diese Bezeichnung erst durch den kolonialen Blick der Europäer erhalten hat; er verortet sich der Herkunft nach in Bengalen, als Reisender jedoch in der englischen East India Company. Schließlich bezieht er sich auf den sozialen Raum, in dem er schreibt, indem er auf eine soziale Verbindung Bezug nimmt: die Freundschaft.

Diese Studie möchte sich dem hier deutlich anklingenden Thema der Verortung auf zweierlei Weise nähern: erstens durch eine eingehende Lektüre der in *Travels* dargestellten Räume und der Verortungen Dean Mahomets darin, zweitens durch eine Diskussion möglicher Konzepte, um dieses literarische Geschehen geschichtswissenschaftlich aufzufassen und auszuwerten. Entsprechend folgt sie der Frage, inwieweit und auf welche Weise eine literarische Selbstverortung als historische Handlung aufgefasst werden kann. Lektüre und die Suche nach Konzepten, mit welchen die Lektüreeindrücke formuliert und wissenschaftlich diskutiert werden können, sind im Prozess der Arbeit am Text untrennbar ineinander verwoben. Hier aber sollen zunächst die gefundenen Konzepte und der historische Kontext von *Travels* dargelegt werden, um dann im Bezug auf beide die Lektüre und Analyse

---

[1] Dean Mahomet, *The Travels of Dean Mahomet, a Native of Patna in Bengal through Several Parts of India, While in the Service of The Honorable The East India Company Written by Himself, In a Series of Letters to a Friend*, Cork 1794, [in: Michael H. Fisher, *The First Indian Author in English. Dean Mahomed (1759-1851) in India, Ireland and England*, Delhi (u.a.) 1996, S. 9-112.] Die Quelle wird im folgenden Fließtext mit *Travels* abgekürzt. Der Verweis auf die Seitenzahlen bezieht sich durchgängig auf die Ausgabe von 1996. Eine weitere Ausgabe erschien 1997 in: Michael H. Fisher, *The Travels of Dean Mahomet. An Eighteenth-Century Journey through India*, London 1997.

der Quelle darzulegen. Die Quellenlektüre wiederum ist schließlich Grundlage für eine Diskussion der Möglichkeiten und Grenzen der vorgestellten Konzepte.

Text, Autor und die Ergebnisse der bisherigen Forschung werden ebenso in einem einleitenden Kapitel vorgestellt wie auch die drei Konzepte, mit denen ich arbeite: der *third space* Homi Bhabhas, der *agency*-Begriff der historischen Selbstzeugnisforschung und das Raumkonzept Martina Löws. In zwei weiteren Kapiteln wird in die beiden Kontexte von *Travels* eingeführt: in den Raum des Schreibens und der Publikation sowie in den Raum der Erzählung.

2. *The Travels of Dean Mahomet*: Text, Autor und Forschung

> *I was born in the year 1759, in Patna, a famous city on the north side of the Ganges, about 400 miles from Calcutta, the capital of Bengal and seat of the English Government in that country.*[2]

2.1 Dean Mahomets Biographie

Nach seinen eigenen Angaben in *Travels* wurde Dean Mahomet 1759 geboren und trat 1769 dem Gefolge des jungen Kadetten Godfrey Evan Baker in der Bengal Army bei.[3] Dean Mahomet entstammte der urbanen muslimischen Elite Patnas, sein Vater hatte bereits als *sepoy* und Unteroffizier in der Bengal Army gedient,[4] bis er im militärischen Dienst umkam.[5] Mit seinem Eintritt in die Armee vollzog sich für Dean Mahomet eine Trennung von der Familie. Die Familie Dean Mahomets findet in *Travels* keinerlei Erwähnung mehr, nachdem die Armee die Region um Patna verlassen hat, und auch spätere Quellen geben keinen Hinweis auf weitere Verbindungen.[6]

---

2   Mahomet 1996, S. 16. Wie Michael Fisher richtig korrigiert, liegt Patna an der Südseite des Ganges.
3   Dieses Geburtsjahr widerspricht jenem, welches Dean Mahomet in seinen späteren Publikationen angibt. Dort datiert er seine Geburt auf das Jahr 1749. Fisher widerlegt letztere Angabe mit Verweis auf die Quellen der East India Company. Vgl. Fisher 1996, S. 283f.
4   *Sepoy* ist die gängige Bezeichnung für einen indigenen Soldaten in den Armeen der East India Company. Der Ausdruck geht auf das persische *sipahi* zurück, welches wörtlich Soldat heißt. Vgl. „Sepoy", in: *The Barnhart Dictionary of Etymology*, Hg.: Robert K. Barnhart, New York 1988, S. 984. In Teilen der neueren Forschungsliteratur wird wieder der persische Ausdruck verwendet. Um aber den Kontext der Bezeichnung innerhalb der britischen Armee zu markieren, wird in der vorliegenden Arbeit die anglisierte Form verwendet.
5   Vgl. Fisher 1996, S. 146f.
6   Im Folgenden werden die Forschungen Fishers sowie Angaben aus *Travels* referiert, soweit Fisher deren Übereinstimmung mit den Quellen der East India Company feststellen konnte. Vgl. ebd., S. 146-201f. Die Angaben für die Zeit nach 1784 stützen sich allein auf die Forschungen Fishers. Vgl. ebd., S. 146-306.

Dean Mahomets Stellung in der Bengal Army ist bis 1781 nicht eindeutig zu bestimmen. Offensichtlich befand er sich im Gefolge Bakers und arbeitete als dessen Diener. Mit der dritten Brigade der Bengal Army, der Baker angehörte, bewegte sich Dean Mahomet im Wesentlichen den Ganges auf und ab. Seine Brigade war an nur wenigen Feldzügen direkt beteiligt, vielmehr bestand ihre ständige Aufgabe darin, die Gegenwehr der Landbevölkerung und der nomadisierenden Bevölkerung zu brechen. 1781 erlangte Dean Mahomet in Folge einer Beförderung Bakers und durch dessen Patronage den Posten des *market masters* und war somit für die Versorgung des *bazaars* zuständig, welcher die Armee ständig begleitete. Im selben Jahr wurde er auf gleiche Weise zum *jemindar*, zum Unteroffizier in einem *sepoy*-Bataillon, befördert. Nun im Dienst der zweiten Brigade der Bengal Army waren Baker und Dean Mahomet damit beauftragt, die Aufstände in Benares, im Westen Bengalens, zu unterdrücken. Ein Jahr später wurde Baker angeklagt, die Landbevölkerung zu unrechtmäßigen Abgaben gezwungen zu haben, eine unter britischen Offizieren durchaus übliche Praxis. Seine unehrenhafte Entlassung wurde zwar wieder rückgängig gemacht, dennoch ließ sich Baker 1784 vom Dienst in der Armee befreien, und Dean Mahomet quittierte den Dienst, um ihm nach Irland folgen zu können.

In Irland lebte Dean Mahomet im Haushalt der Bakers und war dort als oberster Diener beschäftigt. Nach dem Tod Bakers 1786 lebte er vermutlich in der gleichen Anstellung im Haushalt der Witwe Bakers und ihres neuen Ehemanns. 1786 heiratete Dean Mahomet Jane Daly, eine Anglo-Irin. Obwohl er sich für diese Heirat hat taufen lassen müssen, ist weder in seinen eigenen Aufzeichnungen noch in Kirchenbüchern eine Taufe überliefert.

Die Publikation von *Travels* 1794 gibt Aufschluss über die gesellschaftlichen Kreise, in denen Dean Mahomet zu dieser Zeit verkehrte. Die Förderer seiner Arbeit an *Travels* waren größtenteils Angehörige der anglo-irischen Elite, häufig ehemalige East India Company-Angehörige oder deren Verwandte. Inwieweit die Rezeption des Werkes über den Kreis der Subskribenten hinausging, kann kaum erschlossen werden. Jedenfalls fand es keine Erwähnung in den literarischen Zeitschriften. 1807 verließen Dean Mahomet und Jane Daly Cork, um in London ein Kaffeehaus zu eröffnen. Trotz der Unterstützung und vielfältigen geschäftlichen Einbindungen in eine Elite aus East India Company-Angehörigen scheiterten sie mit ihrem Kaffeehaus einige Jahre später finanziell und zogen nach kurzer Zeit der

Arbeitssuche nach Brighton. Seit 1814 wird Dean Mahomet als medizinischer Masseur in verschiedenen Quellen erwähnt.[7] Die Zeit in Brighton machte Mahomet zu einer populären Gestalt der britischen Öffentlichkeit. Seine medizinischen Massagen wurden über lange Zeit geschätzt, sein Massage- und Dampfbad-Salon wurde reichlich frequentiert und stand unter der Patronage der königlichen Familie. 1820 publizierte Dean Mahomet sein zweites Werk, „Cases Cured by Sake Deen Mahomed", eine beispielhafte Erläuterung seiner medizinischen Erfolge,[8] welches er später kontinuierlich erweiterte und 1822, 1826 und 1838 unter dem Titel „Shampooing, or, the Benefits Resulting from the Use of the Indian Medicated Vapour Bath" veröffentlichte.[9] Im Gegensatz zu den Aussagen in *Travels* erklärt Dean Mahomet in diesen Werken, dass er schon in der Bengal Army als medizinischer Masseur gearbeitet habe, und verlegt sein Geburtsjahr um 10 Jahre auf 1749.[10] Der Titel, *shampooing surgeon*, ist laut Fisher selbst erdacht und verliehen.[11]

Aus der Zeit in London und Brighton sind einige Werbeanzeigen und Arbeitsgesuche von Dean Mahomet erhalten. An ihnen wird deutlich, in welchem Maße Dean Mahomet Publikationen nutzte, um seine eigene Person selbst öffentlich zu gestalten.[12] Dean Mahomets Leben und Wirken ist gekennzeichnet durch eine wiederholte Neugestaltung seines Berufslebens, seiner sozialen Lebensumstände und auch seines Selbst, wie er es durch seine Publikationen und durch sein öffentliches Auftreten präsentierte. Nicht nur publizierte er 1794, 1820 und 1826 unter leicht unterschiedlichen Namen,[13] auch seine autobiographischen Angaben weichen von-

---

7   Vgl. ebd., S. xv.
8   Sake Deen Mahomed, *Cases Cured By Sake Deen Mahomed, Shampooing Surgeon, And Inventor of the Indian Medicated Vapour Bath*, Brighton 1820.
9   Sake Deen Mahomed, *Shampooing, Or, the Benefits Resulting from the Use of the Indian Medicated Vapour Bath*, Brighton 1822, 1826, 1838.
10 Vgl. Mahomed 1822, S. vi.
11 Vgl. Fisher 1996, S. 283. Die englische Bezeichnung „shampooing" geht auf das Wort „champo" aus dem Hindi zurück, welches eine Massagetechnik bezeichnet. Erst im späten 19. Jahrhundert bezeichnet *shampooing* das Haare Waschen mit flüssiger Seife. Vgl. „Shampoo", in: *The Barnhart Dictionary of Etymology*, Hg.: Robert K. Barnhart, New York 1988, S. 992.
12 Einige dieser Anzeigen sind abgedruckt in Fisher 1996, S. 257-263. An diesen Beispielen führt Fisher auch aus, dass Dean Mahomet sich mit seinen öffentlichen Darstellungen an ehemalige Indien-Reisende wandte. Vgl. ebd., S. 258.
13 Nicht nur in seinen eigenen Publikationen, auch in den wissenschaftlichen wie populären Arbeiten über ihn trägt Dean Mahomet unterschiedliche Namen in verschiedenen Schreibweisen. Laut Fisher ist die Form Dean Mahomet eine anglisierte Form von Din

einander ab. Diese Gestaltungen seiner eigenen Person standen sowohl 1794 als auch 1820 und in den folgenden Jahren im Kontext unterschiedlicher Patronage-Verhältnisse, die seine wesentlichen sozialen Bindungen und Absicherungen ausmachten. Zum Ende seines Lebens, als *shampooing* von anderen Heilmethoden überholt wurde und vor allem seine modische, an den Inder Sake Deen Mahomet geknüpfte Exotik verloren hatte, büßte Dean Mahomet seine Popularität ein. Er verlor sein prominent an der *seaside* gelegenes Badehaus und lebte, obwohl er noch einige Jahre als medizinischer Masseur arbeitete, von der Unterstützung seiner Kinder.

2.2 The Travels of Dean Mahomet

Travels erschien, als es 1794 erstmalig veröffentlicht wurde, in zwei Duodecime-Bänden, einem für reisebegleitende Lektüren üblichen Format. Dem Reisebericht vorangestellt ist die Widmung an William Annesley Bailie, einen ehemaligen Angehörigen der Bengal Army und Freund der Familie Baker, und die Liste der Subskribenten.[14] Der Bericht ist in Briefform verfasst, eine damals übliche Fiktion, wobei keinerlei weitere fiktionale Korrespondenz, wie zum Beispiel Antworten des Adressaten, vorgegeben wird. Das Titelblatt zeigt ein Porträt Dean Mahomets, untertitelt „Dean Mahomet an East Indian"[15]. Weitere Illustrationen im Werk zeigen einen *sepoy* und einen indigenen Offizier „in the Company's Service, on the Bengal Establishment" sowie eine Ansicht des *nawabs* Aspahdoulah von Lucknow und seiner Gefolgschaft.[16]

Die zwei Bände beginnen jeweils mit einer Übersicht über den Inhalt der insgesamt 38 nummerierten Briefe. Inhaltlich teilt sich der Reisebericht in narrative und deskriptive Passagen. Die narrativen Passagen schildern Herkunft und Leben Dean

---

    Muhammad. Vgl Fisher 1997, S. 7. Die vorliegende Studie hält sich, da sie vorwiegend mit *Travels* arbeitet, an den Namen, unter dem dieser Reisebericht veröffentlicht wurde: Dean Mahomet.

14 In dieser Form ist *Travels* 1996 von Fisher wieder aufgelegt worden. Allein die Liste der Subskribenten ist ausgelassen und wird nur in den Annotationen behandelt und in Auszügen wiedergegeben. In der Wiederauflage von 1997 fehlt zudem die im Original enthaltene zusammenfassende Übersicht über die Briefe.

15 Mahomet 1996, S. 111.

16 Ebd., S. 111-113.

Mahomets vor seinem Eintritt in die Bengal Army, einige militärische Abenteuer, die Bewegungen der Bengal Army und die Reise Dean Mahomets und Godfrey E. Bakers nach Irland. Die deskriptiven Passagen, deren Inhalte zumeist an die Aufenthaltsorte der Bengal Army geknüpft sind, sind geographischer und ethnographischer Natur, auch befassen sie sich auffallend häufig mit der Anordnung der militärischen Lagerstätten. Gelegentlich werden auch Städte und ihre Sehenswürdigkeiten geschildert, auffällig ist hier die durchgängige Verortung der Städte auf den Breiten- und Längengraden. Häufig setzt der Erzähler in den deskriptiven Passagen zur Erklärung der beobachteten Phänomene an und greift hierzu ebenso auf einen die Zivilisationen vergleichenden Ansatz zurück wie auch auf sein als indigen markiertes Wissen.

2.3 Das Genre

Für eine Auseinandersetzung mit *Travels* ist die Defintion des Reiseberichts, wie sie die Anglistin Barbara Korte formuliert, aufschlussreich. In Anlehnung an eine „kultursemiotische Literaturwissenschaft" untersucht sie in Reiseberichten Eigen- und Fremdwahrnehmung als „hermeneutische Prozesse".[17] Sie spricht in diesem Sinne nicht von einem autobiographischen Anteil, sondern von einer Gleichzeitigkeit der Objekt- und Subjektbezüge, deren jeweilige Anteile in den verschiedenen Formen des Reiseberichts unterschiedlich ausgeprägt sind[18] und diesem einen hybriden Charakter verleihen.[19] Dabei stellt Korte auch für den Entdeckerbericht oder ethnographische Schilderungen einen bedeutsamen, wenn auch vermittelten Subjektbezug fest, der sich vor allem im Objektbezug der Landschaftsbeschreibung ausdrückt, welche sowohl den Standpunkt als auch die Annäherung des Subjekts an das Beobachtete impliziert.[20]

Dean Mahomet hält sich mit *Travels* an die Gattungsmerkmale des Reiseberichts im 18. Jahrhundert. Die Widmung, die Schreibarbeit auf Wunsch des Adres-

---

17 Barbara Korte, *Der englische Reisebericht: von der Pilgerfahrt bis zur Postmoderne*, Darmstadt 1996, S. 9.
18 Vgl. ebd., S. 24.
19 Vgl. Barbara Korte, „Der Reisebericht aus anglistischer Sicht: Stand, Tendenzen und Desiderate seiner literaturwissenschaftlichen Erforschung.", in: Zeitschrift für Anglistik und Amerikanistik 42 (1994), S. 364-387, hier: 364.
20 Vgl. Korte 1996, S. 81.

saten, die offenkundig fingierte Korrespondenz, auch die pointiert eingesetzten persönlichen Informationen und Reflexionen entsprechen den Merkmalen der Gattung und auch ihrer zeitgenössischen Wandlung hin zu einer durch Subjektbezug geprägten Narration, wie sie der Literaturwissenschaftler Charles Batten beschreibt.[21] Das wesentliche Motiv der Abreise und Rückkehr ist in *Travels* abgewandelt in eine Verortung der Schreibsituation in Irland zu Beginn und die Ankunft in England zum Ende der Erzählung. Dadurch wird sowohl eine deutliche Anlehnung an das Gattungsmerkmal vollzogen als auch die eigene Erzählung akzentuiert.[22] Dieses Vorgehen entspricht der inhaltlichen Divergenz von *Travels* vom zeitgenössischen Reisebericht hinsichtlich der Perspektive auf das bereiste Land. Dean Mahomet bereist und erzählt keine Fremde, sondern ein Land, von welchem er bereits eingehende Kenntnisse besitzt, obwohl er viele Regionen selbst zum ersten Mal bereist. Der soziale Kontext, in dem er reist, entspricht dabei nicht dem Kontext seiner Herkunft – wie es bei britischen Reisenden der Fall ist. *Travels* verhält sich auf spezifische Weise im Kontext kolonialer Reiseliteratur, ohne einen schlichten Gegenentwurf zu dieser oder eine Autoethnographie im Sinne Pratts darzustellen.[23] Seine Spezifität liegt in der ungewöhnlichen Sprechposition des Erzählers und der Position des reisenden Protagonisten. Denn *Travels* beschreibt ein bereistes Land mit einem narrativen Verfahren, welches an den Inhalt einer fremden Erfahrung geknüpft ist, ohne dass dieses Land tatsächlich eine Fremde darstellen würde. Der Text weicht so inhaltlich von den Traditionen des englischen Reiseberichts ab, während die narrativen Verfahren ihnen vollauf entsprechen.

Liegt es also sowohl vom Titel als auch vom Inhalt her nahe, *Travels* der Gattung des Reiseberichts zuzuordnen, so muss hinzufügend die Nähe zu den Memoiren als einer literarischen Form früher schwarzer Literatur in Großbritannien erläutert werden.[24] Sie zeichneten sich im Gegensatz zum Reisebericht durch einen ex-

---

21 Vgl. Charles Batten, *Travellers and Travel Liars 1660-1800*, Berkeley / Los Angeles 1978 (1962), S. 13.
22 Zur Bedeutung der temporären Abreise im Reisebericht der Frühen Neuzeit vgl. Maike Kolbeck, *From word to land. Early English reports from North America as worldmaking texts*, Frankfurt (Main) 2008, S. 25.
23 Vgl. zum Konzept der Autoethnographie als Antwort der kolonisierten Subjekte auf die Ethnographie der Metropole: Mary Louise Pratt, *Imperial Eyes. Travel Writing and Transculturation*, London / New York 1992.
24 Vgl. Peter Fryer, *Staying Power. The History of Black People in Britain*, London 1984, S. 89-112.

pliziten Subjektbezug aus und wurden häufiger als der Reisebericht von Migranten aus den Kolonien als literarische Form genutzt, um sich an die Öffentlichkeit der Metropole zu wenden.[25] Dennoch liegt es nahe, dass die Öffentlichkeit Dean Mahomets Reisebericht mit den bereits publizierten Memoiren Schwarzer in Zusammenhang brachte und dass *Travels* sich in seinem Subjektbezug auf vergleichbare Weise der Öffentlichkeit präsentierte. So funktioniert beispielsweise die Versicherung „Written By Himself", die in der zeitgenössischen Reiseliteratur die Wahrhaftigkeit des Berichts belegen sollte, im Kontext dieser Literatur auch als Zeichen für den Autor und seine subjektive Stimme.[26] Sie stellt eine Zurückweisung rassistischer Annahmen der britischen Öffentlichkeit dar, welche Schwarzen die Befähigung zur Autorschaft, die sie als einen Signifikanten ihrer eigenen Zivilisation auffasste, absprach.[27] Wenn Dean Mahomet sich auch in einer anderen sozialen Position befand als ehemalige Sklaven, so musste er doch auch die Zugehörigkeit zu einer Gesellschaft begründen, die ihn mit einer anderen, zivilisatorisch unterlegenen überseeischen Gesellschaft assoziierte.

Abzugrenzen ist *Travels* gegenüber diesen als Lebenserinnerungen entworfenen Selbstdarstellungen dennoch. Zum einen geben nur wenige Passsagen Empfindungen und Reflexionen Dean Mahomets wieder. Zum anderen wird keinerlei Persönlichkeitsentwicklung erzählt. Die Wandlungen seiner Person sind vielmehr innerhalb seiner Biographie und insbesondere in der Reihe seiner Veröffentlichungen zu bemerken, die jeweils unterschiedlich akzentuierte Versionen seines Selbst präsentieren.

---

25 Vgl. ebd. Ein prominentes Beispiel sind die Lebenserinnerungen des ehemaligen Sklaven Olaudah Equiano, eines Zeitgenossen Dean Mahomets. Vgl. Olaudah Equiano, *The Interesting Narrative of the Life of Olaudah Equiano, or Gustavus Vassa, The African, Written By Himself*, London 1789. Equiano begründete mit diesem Werk die literarische Gattung der slave narrative. Vgl. Henry Louis Gates, *The Signifying Monkey: A Theory of Afro-American Criticism*, Oxford 1988, S. 152.Hieran wird auch die inhaltliche Diskrepanz zwischen der frühen schwarzen Literatur in Großbritannien und *Travels* deutlich.
26 Vgl. Fisher 1996, S. 213 und Gates 1988, S. 132ff.
27 Vgl. David Daberdeen / Nana Wilson-Tagoe, *A Reader's Guide to West Indian and Black British Literature*, London 2001, S. 83 und Michael H. Fisher, *Counterflows to Colonialism. Indian Travellers and Settlers in Britain 1600-1857*, Delhi 2004 (im Folgenden: Fisher 2004a), S. 98f.

2.4 Michael Fishers Forschungen zu *Travels* und Dean Mahomet

Die grundlegende und auch umfangreichste Forschungsarbeit zu Dean Mahomet und zu *Travels* wurde 1996 von dem Historiker Michael Fisher veröffentlicht. In seinem Band „The First Indian Author in English. Dean Mahomed (1759-1851) in India, Ireland and England" legte er *Travels* neu auf und veröffentlichte seine eingehenden biographischen Studien zum Leben Dean Mahomets.[28] Ein Jahr darauf veröffentlichte Fisher sowohl *Travels* als auch seine Ergebnisse erneut unter dem Titel „The Travels of Dean Mahomet. An Eighteenth-Century Journey through India" in leicht gekürzter Fassung.[29] Sowohl diesen als auch Fishers späteren Publikationen zu Dean Mahomet ist es zu verdanken,[30] dass dieser nicht nur als exzentrische Gestalt Brightons im frühen 19. Jahrhundert bekannt ist, sondern auch als Autor eines Reiseberichts und diverser medizinischer Publikationen.[31] Infolge sei-

---

28   Fishers Biographie Dean Mahomets stützt sich für dessen verschiedene Lebensabschnitte auf wesentlich unterschiedliche Quellen. Sein Leben in Indien und in der Bengal Army ist uns zugänglich durch die Angaben in seinem Reisebericht und durch seine späteren Veröffentlichungen. Allerdings widersprechen sich diese Veröffentlichungen untereinander in ihren autobiographischen Aussagen. Der Wahrheitsgehalt der widersprüchlichen Aussagen ist allein mit Hilfe weniger Hinweise in den Aufzeichnungen der East India Company zu überprüfen. Vgl. Fisher 1996, S. 284. Seine weitere Lebenszeit erschließt sich über Kirchen- und Steuerbücher, kommunale Akten, Werbeanzeigen, und – für die Zeit in Brighton – über seine Erwähnung in verschiedenen literarischen Schriften, darunter Reiseführern und medizinischen Publikationen. Vgl. ebd., S. 297-301. Des Weiteren wird Dean Mahomet in dem Reisebericht Abu Taleb Khans erwähnt, der auf seinen ausgedehnten Reisen in Europa, Asien und Afrika auch den Haushalt der Familie Baker besuchte. Vgl. Mirza Abu-Taleb Khan, *Travels of Mirza Abu Taleb Khan in Asia, Africa, and Europe, during the Years 1799, 1800, 1801, 1802 and 1803*, aus dem Persischen übertragen von Charles Stewart, London 1810, S. 103f. Fisher hat diese und weitere Quellen zur East India Company, zu den Familien der ango-irischen Elite und zu der späteren Geschäftspartner sowie Schriften der Nachfahren Dean Mahomets herangezogen, um dessen autobiographische Angaben zu überprüfen und zu ergänzen.
29   Fisher 1997.
30   Michael H. Fisher, „Representations of India, the English East India Company, and Self by an Eighteenth-Century Indian Emigrant to Britain", in: Modern Asian Studies, Bd. 32.4 (1998), S. 891-911; Fisher 2004a; Michael H. Fisher, „Asians in Britain: negotiations of identity through self-representation", in: Kathleen Wilson (Hg.), *A New Imperial History. Culture, Identity and Modernity in Britain and the Empire 1660-1840*, Cambridge 2004, S. 91-112 (im Folgenden: 2004b).
31   Allein die Historikerin Rozina Visram ist in ihrer ersten umfassenden Studie über Inder in Großbritannien von 1986 auf sein Leben als Hausdiener in Cork eingegangen, wenn auch nur kursorisch. Vgl. Rozina Visram, *Ayahs, Lascars and Princes: Indians in Britain 1700-1947*,

ner Wiederauflage findet *Travels* in einigen wissenschaftlichen Publikationen Erwähnung und auch einige eingehendere Interpretationen.[32] So kommt die Anglistin Lyn Innes zu dem Schluss, dass Dean Mahomet sich zwei verschiedene Blickwinkel und Identitäten zuschreibt, jene der anglo-irischen Offiziere in der East India Company und jene des indigenen Muslimen, ohne diese Beobachtung eingehender als textuelle Strategie zu untersuchen. Die Anglistin Kate Teltscher bezeichnet die kulturelle Identität Dean Mahomets als fluktuierende Subjektposition und sieht darin die Grundlage für Dean Mahomets spätere vielfältige Karriere, die entsprechend auch im Mittelpunkt ihrer Untersuchung steht.

Michael Fisher begreift die Lebensgeschichte Dean Mahomets und seine Publikationen im Wesentlichen als Quelle für die Komplexität sozialer Interaktionen im sich herausbildenden British Empire.[33] Er präsentiert *Travels* als in dreierlei Hinsicht aussagekräftige historische Quelle, die er als sowohl historisch authentisches wie auch fiktionales Zeugnis versteht.[34] Erstens schreibt er *Travels* einen ethnographischen Aussagewert über Indien, die indische Bevölkerung und die indischen Angehörigen in der Bengal Army, besonders aber die muslimische Beamtenelite zu. Zweitens ist *Travels* laut Fisher ein Dokument, welches mit Pratt die *contact zones* des British Empire, hier die Präsenz der muslimischen Elite in der Bengal Army einerseits und die Präsenz indischer Migranten in der anglo-irischen Gesellschaft ande-

---

London 1986, S. 11f. und S. 64f. Auch findet Dean Mahomet Erwähnung in einigen kompilatorischen Werken zur literarischen Geschichte von Indern oder Pakistanis und auch Schwarzen in Großbritannien sowie in wenigen Aufsätzen zu Reiseberichten in anglo-indischen Kontexten: Mulneesa Shamsie, *Leaving Home towards a New Millenium. A Collection of English Prose by Pakistani Writers*, Oxford 2001, S. 3-14. Hier wird Dean Mahomet der Tradition pakistanischer Immigranten in Großbritannien zugerechnet. Zudem wird *Travels* im Kontext britischer Indien-Darstellungen erwähnt in Kate Teltscher, „India / Calcutta: city of palaces and dreadful night", in: Peter Hulme, Tim Youngs, *The Cambridge Companion to Travel Writing*, Cambridge 2002, S. 191-208. Allein Kate Teltscher und Lyn Innes nehmen eine komparatistische Interpretation von *Travels* vor. Vgl. Kate Teltscher, „The Shampooing Surgeon and the Persian Prince: Two Indians in early Nineteenth-century Britain", in: Interventions, Bd. 2.3 (2000), S. 409-423 und Lyn Innes, „Eighteenth-Century Men of Letters: Ignatius Sancho and Sake Deen Mahomed", in: Susheila Nasta, *Reading the ‚New' Literatures in a Postcolonial Era* (= Essays and Studies English Association, Bd. 53), Cambridge 2000, S. 17-36.

32 Innes 2000 und Teltscher 2000.
33 Vgl. Fisher 1996, S. 1.
34 Vgl. ebd., S. 6.

rerseits, abbilde.³⁵ Pratt nimmt mit diesem Begriff ein wechselseitiges Verhältnis von politischer Herrschaft und gegebenen kulturellen Räumen an, welches sich in der Rhetorik transkultureller Zeugnisse ausdrücke.³⁶ Fisher übernimmt diesen Begriff, verstärkt an ihm aber das Moment des Kulturellen: Die Unterschiede in den Wahrnehmungen des Selbst, der Anderen und der politischen Verhältnisse führt Fisher auf die disparaten kulturellen Hintergründe der Beteiligten zurück, wofür die Machtverhältnisse der britischen Herrschaft in Indien lediglich die Rahmenbedingung sind.

Drittens begreift Fisher die Darstellung einer indischen Perspektive auf die Kolonialherrschaft der Briten als Akt der Selbstdarstellung. Sowohl für Dean Mahomet als auch für andere indische Migranten betrachtet er deren eigenständige Definition Indiens, welche sich von den oftmals pejorativen Bildern der britischen Öffentlichkeit abhebe, als *agency*. Den autobiographischen Text versteht er sowohl als ein Mittel, sich dieser *agency* zu bemächtigen als auch als ihren eigentlichen Ausdruck.³⁷ Das kulturelle Selbstverständnis Dean Mahomets wird schließlich zum Kern der Analyse Fishers. Seine Selbstdarstellung gebe Aufschluss über sein eigenes Verständnis einer indischen Identität, sie bezeuge seine zwischen Indien und Großbritannien gespaltene Loyalität,³⁸ und sie verorte ihn in den sich begegnenden Völkern und Kulturen und deren „contested interactions".³⁹ Fisher kommt diesbezüglich zu dem Schluss, dass Dean Mahomet sich zwar in einer Reihe von Kulturen verorte, sich jedoch niemals als Angehöriger einer der entsprechenden Gruppen beschreibe.⁴⁰ Dabei bezieht er keine klare Position dazu, ob die Selbstverortung Dean Mahomets eine narrative Strategie oder ein Subtext ist, der über das Selbstverständnis des Autors Aufschluss gibt. Diese Unterscheidung aber ist grundlegend

---

35 Pratt hat ihren Begriff von *contact zones* an den linguistischen Begriff der *contact language*, einer improvisierten Sprache, die im Kontakt von Sprechern unterschiedlicher Muttersprachen entsteht, angelehnt. Analog findet die improvisierte Interaktion auf der kulturellen und sozialen Ebene sowohl zwischen Subjekten als auch zwischen Bevölkerungsgruppen statt. Vgl. Pratt 1992, S. 6-7.
36 Als *transculturation* definiert Pratt die Praxis, Elemente herrschaftlicher oder hegemonialer Kulturen in die unterworfene oder subalterne Kultur zu integrieren. Sie bezieht den Begriff im besonderen auf die Selbstdarstellung Subalterner im Verhältnis zu deren Darstellung in den kulturellen Zeugnissen der Kolonialmacht. Vgl. ebd., S. 8.
37 Vgl. Fisher 1996, S. 210, Fisher 2004a, S. 16 und Fisher 2004b, S. 91-98.
38 Vgl. Fisher 1996, S. 1.
39 Ebd., S. 2.
40 Vgl. ebd., S. 218.

für das Verständnis des Textes, für eine Einschätzung seines Aussagegehaltes als historisches Dokument.

Fisher unternimmt insgesamt eine Trennung von Fakt und Fiktion, in welcher der faktische Anteil von *Travels* Aufschluss über den historischen Kontext gibt und der fiktionale Anteil Aufschluss über Dean Mahomets intentionale Selbstdarstellung dieser Situation gegenüber. Indem er annimmt, Dean Mahomet eigne sich *agency* an, um sein eigenes Verständnis indischer Identität zu behaupten, reduziert er die Fiktionalität des Textes auf eine Wahrhaftigkeit der Ich-Aussagen. Diese Position rührt von einem uneindeutigen, aber in der Tendenz essentialistischen Kulturbegriff her. Fisher geht davon aus, dass Dean Mahomet sich assoziativ oder identifizierend einer gegebenen Kultur anschließen musste, um sich zu verorten. Er essentialisiert so Kultur als historische Gegebenheit, die politischen Prozessen ebenso wie Darstellungen des Selbst in Erzählungen vorgelagert ist. Dadurch schränkt er seinen Blick auf Orte ein, an denen sich der *Autor* aufgehalten hat und nimmt auch nur diese für mögliche Verortungen von Protagonist und Erzähler an. Obwohl Fisher betont, dass die britischen und auch Dean Mahomets Darstellungen Indiens Konstruktionen seien, welche nicht mit der historischen Wirklichkeit gleichzusetzen seien, erwägt er nicht die grundsätzliche Hergestelltheit von Räumen in einem Text, der eine Selbstverortung erzählt. Der kursorische Verweis auf den umfangreichen Titel des Reiseberichts dürfte dagegen gezeigt haben, dass die Räume in *Travels* durch subjektive Verortungen geprägt, also prozesshaft sind und dass sie auf verschiedenen Ebenen im Text, im Kontext und in deren Verbindung liegen. Im Folgenden sollen daher drei theoretische und methodische Konzepte erläutert werden, mit denen ich hoffe, die Komplexität von Raum und Selbstverortung in *Travels* erfassen zu können.

3. Konzepte und Methoden

> ... *when I first came to Ireland, I found every thing about me so contrasted to those* striking scenes *in India, which we are wont to survey with a kind of sublime delight, that I felt some timid inclination, even in the consciousness of incapacity, to describe the manners of my countrymen,*...[41]

Homi Bhabha hat mit seinen Konzepten der Hybridität und des *third space* Begriffe zur Analyse diskursiver kultureller Räume und Äußerungen entworfen, die hier aufgegriffen werden sollen, da sie eine differenzierte Lektüre der Selbstverortung in *Travels* ermöglichen. Im Anschluss soll aus der Perspektive der Selbstzeugnisforschung erläutert werden, inwieweit ein solches textuelles Geschehen als historische *agency* aufzufassen ist, welche die Entwicklung historische Räume bewirkt. Wie letztere in ihrer Konstruiertheit zu erfassen sind, erläutert ergänzend die prozessuale Raumtheorie Martina Löws, für die Akteure und Handeln wesentlich sind.

3.1 Der Raum im Diskurs: kulturelle Hybridität und der third space

Für den hier zu untersuchenden Zusammenhang ist der Bezug Bhabahas auf das Orientalismus-Konzept Edward Saids von grundlegender Bedeutung.[42] Saids Studie „Orientalism" von 1978 untersucht den modernen Orientalismus, dessen Anfänge er in der Ägypten-Expedition Napoleons 1798, aber auch in den wissenskompilatorischen und -komparativen Studien des Briten William Jones' verortet. Der Orien-

---

41 Mahomet 1996, S. 15.
42 Für eine allgemeine Einordnung Bhabhas in die postkoloniale Kulturtheorie siehe David Huddart, *Homi K. Bhabha*, London u.a. 2007.

talismus ist nach Said eine diskursive wissenschaftliche Disziplin, ein wirkmächtiges Ineinandergreifen von Aussageformationen, wissenschaftlichen Institutionen und politischer Macht. Als solche habe der Orientalismus zweierlei Effekt gehabt: Erstens sei ein vom Selbstverständnis der orientalisierten Bevölkerungen unabhängiges, arbiträres und stereotypes Bild des Orients gezeichnet worden, welches trotz seiner inhärenten Widersprüchlichkeit Vorurteile und Misskenntnis durch die Epochen tradiere. Zweitens sei eine zunächst wissenschaftlich, aber auch amateurhaft eingenommene Sprechposition des überlegenen, mit akkuraten, umfassenden und fortschrittlichen Begriffen und Institutionen ausgestatteten Westens entstanden. Allerdings hänge, so Said, diese Sprechposition beständig davon ab, sich in ihrer Überlegenheit im Orient als einer „imaginative geography" zu spiegeln, weshalb die Subjektposition des Orientalisten im psychoanalytischen Sinne als narzisstisch und paranoid zu kennzeichnen sei.[43]

Homi Bhabha hat diese Konzeptualisierung des Orientalismus aufgegriffen, indem er ihre hier angedeuteten psychoanalytischen Ansätze herausgearbeitet und in den Begriffen dekonstruktivistischer Differenz reformuliert hat. Bhabha bewegt sich – wenn auch an das Foucaultsche Dispositiv von Macht und Wissen anknüpfend – mit seinem Konzept eines kolonialen Diskurses im Wesentlichen auf der Ebene der Signifikation und des Symbolischen. Die nicht-diskursiven Praktiken als Teil des Dispositivs liegen nicht im Kern seiner Analyse. Den kolonialen Diskurs konzeptualisiert er anders als Said als Aussageformation, welche die Aussagen aller kolonialen Subjekte, das heißt der Kolonisierer wie der Kolonisierten, präfiguriert.

In „The location of culture", einer Zusammenfassung bereits veröffentlichter und aktueller Aufsätze, erschließt Bhabha solche Diskursformationen.[44] Im ersten Aufsatz, „The Commitment to Theory" von 1989, entwickelt er das Konzept eines „third space of enunciation"[45]. Mit dem *third space* bezeichnet Bhabha die diskursive und linguistische Präfiguration kultureller Äußerungen. Bezug nehmend auf die linguistische Unterscheidung zwischen dem Subjekt des Geäußerten und dem Subjekt der Äußerung, erläutert Bhabha, wie sich nicht nur das Subjekt, sondern auch

---

43 Edward Said, *Orientalism*, London 1978, S. 72.
44 Homi K. Bhabha, *The location of culture*, London / New York 1994.
45 Ebd., S. 19-39. Dieser wird im folgenden Text als *third space* bezeichnet, um den Bezug auf das Konzept Bhabhas zu markieren.

dessen Aussage zweiteilt.[46] Jede diskursive Äußerung hat demnach einen Inhalt, der ein pronominales Ich einschließt, und eine diskursive Strategie, welche das Subjekt der Äußerung im Diskurs verortet.

„The pronominal I of the proposition cannot be made to address – in its own words – the subject of enunciation, for this is not personable but remains a spatial relation within the schemata and strategies of discourse."[47]

Zwischen beiden Ebenen ist kein mimetischer Verweis möglich, und die Bedeutung der Aussage ist auf keiner der beiden Ebenen zu fixieren. Dadurch entsteht eine grundsätzliche Ambivalenz diskursiver Äußerungen. Für Bhabha stellt diese grundlegende Ambivalenz und das nicht Fixierte die Bedingung dafür her, dass kulturelle Symbole übersetzt, neu gelesen, neu kontextualisiert, kurz: hybridisiert werden können.[48]

Diese generelle Beschaffenheit diskursiver Äußerungen steht insofern in einem besonderen Spannungsverhältnis zum kolonialen Diskurs, als dieser eine Bündelung symbolischer „fixity" in Form von Stereotypen darstellt.[49] Der koloniale Diskurs bindet nach Bhabha diverse Formen der Differenz zu einer kulturellen und rassistischen Hierarchisierung.[50] Im Kern dieses Verfahrens liegt eine gleichzeitige Anerkennung und Leugnung historischer, kultureller und ethnischer Differenz, denn der koloniale Diskurs stellt zum einen Andersartigkeit von Kolonisierern und Kolonisierten her, um Eroberung und administrative Unterordnung zu rechtfertigen, zum anderen leugnet er diese Alterität, indem er das Andere als vollständig sichtbar und begreifbar auffasst.[51]

Der koloniale Diskurs ist somit auf zweierlei Weise ambivalent. Erstens oszilliert die Rede über die koloniale Andersartigkeit zwischen Anerkennung und Leugnung der stereotypisierten Differenz, und zweitens widerspricht seine wesentliche

---

46 Vgl. ebd., S. 36f.
47 Ebd., S. 36.
48 Vgl. ebd., S. 37.
49 Die Funktionsweise des Stereotyps als diskursive Strategie führt Bhabha aus in seinem Aufsatz „The other question: Stereotype, discrimination and the discourse of colonialism". Vgl. Bhabha 1994, S. 66-84. Bhabhas Begriff im Original lautet „fixity", was in der deutschen Übersetzung als „Festgestelltheit" wiedergegeben ist. Homi K. Bhabha, *Die Verortung der Kultur* (Stauffenberg discussions, Bd. 5), aus dem Englischen übertragen von Michael Schiffmann und Jürgen Freudl, Tübingen 2000, S. 97.
50 Vgl. Bhabha 1994, S. 67.
51 Vgl. ebd., S. 70f.

diskursive Strategie, das Stereotyp, der Präfiguration diskursiver Äußerungen im *third space*. Bhabha behauptet, dass die Ambivalenz des stereotypen kolonialen Diskurses die für diesen eigentlich notwendige signifikante Geschlossenheit unmöglich macht, dass jede Äußerung und jeder sich Äußernde im kolonialen Diskurs durch die Rede über Differenz das kulturell originäre Subjekt unterläuft.[52] Die Hybridisierung der kolonialen Symbole ist somit nicht allein inhaltlich als umdeutende Rezeption im Kontext verschiedener kultureller Bedeutungssysteme zu verstehen, sondern auch strukturell als Konstruktion einer ambivalenten, den kulturellen Kontexten übergelagerten Sprechposition.

Bhabhas Konzept der Hybridität kultureller Aussagen beruht auf seiner Auffassung kultureller Differenz in Abgrenzung zu kultureller Diversität. Die historische Evidenz seines Konzeptes bezieht er im Wesentlichen aus den Dokumenten der britischen zivilisatorischen Mission, die zum Ende des 18. Jahrhunderts einsetzte.

„Cultural diversity is an epistemological object – culture as an object of empirical knowledge – whereas cultural difference is the process of *enunciation* of culture as ‚knowledge*able*‘, authoritative, adequate to the construction of systems of cultural identification. If cultural diversity is a category of comparative ethics, aesthetics or ethnology, cultural difference is a process of signification through which statements *of* culture or *on* culture differentiate, discriminate and authorize the production of fields of force, reference, applicability and capacity."[53]

Mit dem Konzept kultureller Differenz ist also nicht zwischen den kulturellen, auch ethnisch zu beschreibenden Kontexten historischer Agenten oder Sprecher zu unterscheiden. Kulturelle Differenz beschreibt die *Funktionsweise* einer Äußerung über Kultur und somit die diskursive Konstruktion kultureller Diversität. Indem aber die für den kolonialen Diskurs grundlegende Trennung und Hierarchisierung von Kulturen von der diskursiven Konstruktion abhängt und keineswegs gegeben und festgelegt ist, wird die Differenz zum ständigen Geschehen, zum prozessualen Kern des kolonialen Diskurses. Die Abhängigkeit des *originären* Zeichens von der gleichzeitigen Alterität zu und Wiederholung durch die *anderen* Zeichen verleiht der kolo-

---

52 Vgl. ebd., S. 75.
53 Ebd., S. 34. Hervorhebungen im Original.

nialen Präsenz eine Ambivalenz zwischen ihrer Erscheinung als originär und autoritär und ihrer Artikulation in der Wiederholung der Differenz.[54]

Indem die kulturelle Symbolik der Kolonialmacht somit als differentes Zeichen der Neuverortung und Hybridisierung durch die Kolonisierten ausgesetzt ist, wird nicht nur die diskursive Macht der Kolonisierer verunsichert.

„What is irremediably estranging in the presence of the hybrid – in the revaluation of the symbol of national authority as the sign of colonial difference – is that the difference of cultures can no longer be identified or evaluated as objects of epistemological or moral contemplation: cultural differences are not simply *there* to be seen or appropriated."[55]

Kulturelle Differenzen werden vielmehr hergestellt durch Aussagen, welche dem Subjekt der Aussage im *third space of enunciation* eine diskursive Position zuordnen, die sich als eine narzisstische und paranoide Abhängigkeit von der Wiederholung des Eigenen in den Aussagen der Kolonisierten darstellt. Die Wiederholung der Symbole politischer und diskursiver Autorität dagegen erzeugt eine Abweichung sowohl in der Bedeutung des Zeichens als auch in der Sprechposition, welche dieses markiert – in den Worten Bhabhas: „almost the same, but not quite".[56]

Allerdings befasst Bhabha sich nicht mit dem Verhältnis dieser diskursivstrategischen Verortung durch den *third space* zu einer Verortung als Thema propositionaler Äußerungen. Dadurch versäumt er es, die historischen Handlungsmöglichkeiten der Sprechenden explizit auf einer Ebene des Diskurses zu situieren. Obwohl es aus geschichtswissenschaftlicher Perspektive sinnvoller erscheint, eine propositionale Äußerung als historische Handlung zu begreifen, sieht Bhabha doch zumindest die *Bedingung* hybridisierenden und somit Veränderung bewirkenden Sprechverhaltens auf derjenigen Diskursebene, die der Intention des Sprechenden entzogen ist. Einerseits charakterisiert Bhabha den kolonialen Diskurs als einen, welcher den Kolonisierten keine handlungsmächtige Artikulation zugesteht,[57] andererseits trennt er in seiner eigenen Analyse die historisch-diskursiven Handlungs-

---

54 Vgl. ebd., S. 107.
55 Ebd., S. 114.
56 Ebd., S. 86.
57 Bhabha schreibt von der „agency of articulation". Ebd., S. 31. Die deutsche Ausgabe übersetzt dies als „Quelle der Artikulation" und verfehlt damit meines Erachtens die Bedeutungsebene der Handlung, welche in der originalen Formulierung explizit ist. Bhabha 2000, S. 48.

möglichkeiten von der Intention und Motivation der Sprechenden ab. Dies wirft die über Bhabhas Untersuchungen des kolonialen Diskurses hinausgehende Frage danach auf, welche Bedeutung Sprachhandlungen als Moment historischer Veränderungen oder Handlungen zukommt, anders gesagt, auf welche Weise sprachliche Handlungen als historische zu verstehen sind.

3.2 *Agency*, Selbstzeugnisse und historischer Raum

Die methodischen Konzepte für eine Interpretation von *Travels* als Selbstzeugnis, wie sie in dieser Arbeit vorgenommen werden soll, sind im Wesentlichen den Publikationen Gabriele Janckes und Claudia Ulbrichs entnommen. Diese fragen nach der kommunikativen Funktion des Textes hinsichtlich seiner historisch spezifischen Personkonzepte und der sozialen Bindungen des sich äußernden Selbst.[58] Davon ausgehend, dass das persönliche Selbstverständnis im Europa der Frühen Neuzeit vor allem auf sozialen Verbindungen beruhte,[59] werden textuelle Selbstdarstellungen als soziale Praktiken gelesen, welche Aufschluss geben über die Interaktion von Person und Gesellschaft, insbesondere über die Bedingungen und Aushandlungen personeller sowie gruppenspezifischer Handlungsräume.

---

58 Gabriele Jancke, *Autobiographie als soziale Praxis. Beziehungskonzepte in Selbstzeugnissen des 15. und 16. Jahrhunderts im deutschsprachigen Raum* (= Selbstzeugnisse der Neuzeit, Bd. 10), Köln (u.a.) 2002 und Gabriele Jancke / Claudia Ulbrich, „Vom Individuum zur Person. Neue Konzepte im Spannungsfeld von Autobiographietheorie und Selbstzeugnisforschung", in: Gabriele Jancke / Claudia Ulbrich (Hg.), *Vom Individuum zur Person. Neue Konzepte im Spannungsfeld von Autobiographietheorie und Selbstzeugnisforschung* (= Querelles Bd. 10), Berlin 2005, S. 7-27. Letzteres bietet auch eine ebenso strukturierende wie detaillierte Darstellung des Forschungsstandes. Jancke und Ulbrich grenzen sich ausdrücklich von einer Selbstzeugnisforschung, welche die Entwicklung moderner Individualität nachzuzeichnen versucht, ab. Vgl. Jancke / Ulbrich 2005, S. 16. Vgl. diese und andere Forschungstendenzen zusammenfassend: Richard von Dülmen, *Entdeckung des Ich. Die Geschichte der Individualisierung vom Mittelalter bis zur Gegenwart*, Köln (u.a.) 2001 und Roy Porter, *Rewriting the Self. Histories from the Renaissance to the Present*, London / New York 1997. Eine thematisch organisierte Zusammenfassung von Selbstzeugnisforschungen aus dem Bereich der historischen Anthropologie bieten Fabian Brändle / Kaspar von Greyerz / Lorenz Heiligensetze / Sebastian Leutert / Gudrun Pillert: „Texte zwischen Erfahrung und Diskurs. Probleme der Selbstzeugnisforschung", in: Kaspar von Greyerz, Hans Medick, Patrice Veit, *Von der dargestellten Person zum erinnerten Ich. Europäische Selbstzeugnisse als historische Quellen (1500-1850)* (= Selbstzeugnisse der Neuzeit, Bd. 9), Köln (u.a.) 2001, S. 3-31.

59 Vgl. Natalie Zemon Davis, „Boundaries of the Self in Sixteenth-Century France", in: Thomas C. Heller / Morton Sosna / David E. Wellbery (Hg.), *Reconstructing Individualism. Autonomy, Individuality, and the Self in Western Thought*, Stanford 1986, S. 53-63 und S. 332-335.

Zentraler Aspekt meiner Anlehnung an die jüngere Selbstzeugnisforschung ist die Methode, textuelle Strategien analytisch in den historischen Kontext hinein zu verlängern und mit der historischen *agency* der Autoren und Autorinnen zusammenzudenken. Dieser Begriff ist nicht wörtlich ins Deutsche zu übertragen und wird in der Forschung entweder unübersetzt verwendet oder mit „Handlungsmöglichkeiten" oder „Handlungsräume/n" übersetzt.[60] In Bezug auf Fragen der *agency* wird die Person im Text bei Jancke und Ulbrich als narrative Ressource einer kommunikativen Handlung begriffen, die sich auf die historisch spezifischen Personkonzepte und die damit zusammenhängenden Handlungsspielräume bezieht und auf diese einwirkt.[61] Narrative Inhalte und Strategien werden so zum Gegenstand der Betrachtung gewählt und hinsichtlich ihrer Auswirkungen auf die Kontexte der Sprachsituation erforscht.[62] Die historisch praktizierten Beziehungskonzepte werden mit den narrativ dargestellten abgeglichen, um den autobiographischen Text als Handlung in einem Beziehungsnetzwerk begreifen zu können. Eine kommunikative Handlung konnte die Gestalt des Netzwerkes durchaus beeinflussen, konnte über die normierten Rollen des Autors oder der Autorin darin hinausgehen.[63] Jancke und Ulbrich formulieren daher bezüglich des historischen Aussagewertes von Selbstzeugnissen, dass

---

60 Gabriele Jancke / Claudia Ulbrich „Einleitende Bemerkungen", zu: Natalie Zemon Davis, „Heroes, Heroines, Protagonists", in: L'Homme Z.F.G., Bd. 12.2 (2001), S. 322-328, hier: S. 322f. Der Begriff *agency* wurde prägend für die Selbstzeugnisforschung von der Frühneuzeit-Historikerin Natalie Zemon Davis als analytischer Begriff eingesetzt, um das tatsächliche und mögliche Handeln historischer Akteure und Akteurinnen entgegen den Einschränkungen ihrer sozialen Handlungsrepertoires zu erschließen. Vgl. Davis 1986. Für das methodische Vorgehen fordert Davis, sowohl die normativen Vorstellungen und die Machtverhältnisse eines präzisen kulturellen Kontextes als auch die einzelnen Akteure und Akteurinnen beziehungsweise die auf sie verweisenden Quellen in den Blick zu nehmen und deren Gestaltungsmöglichkeiten gegenüber den Normen anhand eingehender Quellenlektüre zu erschließen. Vgl. Davis 1986, S. 62f.
61 Vgl. Jancke / Ulbrich 2005, S. 26.
62 Vgl. Gabriele Jancke, „Leben texten, Lebensgeschichten, das eigene Leben schreiben – ein Plädoyer für Unterscheidungen. Auf der Grundlage und anhand von frühneuzeitlichen autobiographischen Schriften", in: L'Homme Z.F.G., Bd. 14.2 (2003), S. 386-395, hier: S. 393.
63 Vgl. Gabriele Jancke, „Autobiographische Texte – Handlungen in einem Beziehungsnetzwerk. Überlegungen zu Gattungsfragen und Machtaspekten im deutschen Sprachraum von 1400-1620, in: Winfried Schulze, *Ego-Dokumente. Annäherung an den Menschen in der Geschichte* (= Selbstzeugnisse der Neuzeit, Bd. 2), Berlin 1996, S. 73-106, hier S. 77 und S. 103.

„sich die Menschen in ihren Schreibpraktiken und in ihrem autobiographischen Kommunikationsverhalten direkt beobachten [lassen]: wie sie handeln, wie sie mit ihrer geschriebenen Person eine Ressource erzeugen, welcher Handlungsrepertoires sie sich dabei bedienen können und welche sozialen Räume ihnen dafür zur Verfügung stehen."[64]

Hiermit eröffnet sich die methodische Möglichkeit, die erzählte Person als textuelle Strategie zu begreifen, die sich auf den historischen Kontext beziehen lässt. Dabei wird die textuelle *agency* nicht als mimetische Wiedergabe tatsächlicher oder möglicher Handlungsräume begriffen, sondern als eine Art sozialen Handelns innerhalb dieser Räume. Das „kommunikative Ich"[65] ist somit nicht auf einer die Wirklichkeit überlagernden symbolischen Ebene verortet, sondern wird im Zusammenhang mit dem sozialen Ich begriffen. Indem aber das Erzählen des Ich imaginative Räume öffnet, ist es dem kommunikativen Ich auch möglich, sich in besonderem Maße strategisch zu konstruieren. Die textuellen Strategien, welche angewandt werden, um eine Person zu konstruieren, werden daher als zugleich soziale Strategien zur Erlangung einer „Position kommunikativer Autorität" für die eigene Person begriffen.[66] So lassen sich durch die Analyse narrativer Vorgänge, beispielsweise der Verortung der eigenen Person, Rückschlüsse ziehen auf die Strukturen der Handlungsspielräume, in die der Text eingreift.

Wenn erzählte Räume allerdings in ihren Auswirkungen auf die Räume des historischen Kontextes zu beziehen sind, muss sozialer und historischer Raum als Prozess begriffen werden, der unter anderem durch schriftliche Äußerungen angeregt wird. Einen solchen Raumbegriff hat Martina Löw entworfen, die neben anderen Raumtheoretikern entsprechend intensiv im Kontext der Selbstzeugnisforschung rezipiert worden ist.[67] Ihre raumtheoretischen Überlegungen entwickelt Martina Löw in ihrem Band *Raumsoziologie* ausführlich für den zeitgenössischen Stadtraum. Im Gegensatz zu den meist kulturwissenschaftlich geprägten Analysen des *spatial turn* versucht sie eine Konzeptualisierung, die „räumliche Strukturen, Handeln, Symbolik" zusammendenkt und sich an soziologischer Empirie orien-

---

64 Jancke / Ulbrich 2005, S. 27.
65 Jancke 2003, S. 392f.
66 Ebd., S. 392.
67 Siehe Andreas Bähr / Peter Burschel / Gabriele Jancke, *Räume des Selbst. Selbstzeugnisforschung transkulturell*, Köln / Weimar / Wien 2007.

tiert.[68] Löw unterscheidet konzeptuell zwischen Ort und Raum. Während sie Ort territorial auffasst, bezeichnet sie den Raum als eine relationale und prozessuale Anordnung der Güter und Lebewesen an Orten, durch die diese den Charakter bloßer geographischer Markierung verlieren und in ein signifikatives System eingebunden werden. Löw geht davon aus, dass Raum erstens durch eine „Synthese unterschiedlicher sozialer Güter und Lebewesen"[69] und zweitens durch eine Lokalisierungspraxis entsteht. Historische Akteure setzen sich demnach in Beziehungen zu anderen Akteuren und ordnen den sozialen Gütern bestimmte Stellen im Gefüge des Raumes zu. Jegliche Lokalisierungspraxis ist immer an Akteure zurückgebunden und verortet auch diese im Raum, sodass die Relationalität der Güter und Lebewesen zugleich die Prozesshaftigkeit des Raumes ist. Die Herstellung und Verfestigung gesellschaftlicher Strukturen im Prozess versteht Löw somit als Raumkonstruktion.[70] Entscheidend für die sozialwissenschaftliche Argumentation Löws ist der Gedanke, dass an einem Ort von verschiedenen sozialen Gruppen verschiedene Räume konstituiert werden können, die dort in „Machtkämpfen und Aushandlungsprozessen" miteinander in Verbindung gebracht werden.[71]

Im Anschluss an Löw wird in dem Sammelband „Räume des Selbst" von Andreas Bähr, Peter Burschel und Gabriele Jancke die Konstruktion der eigenen Person als Teil räumlich aufzufassender Aushandlungsprozesse charakterisiert. Dabei sei in der Textanalyse zwischen dem Raum der schreibenden und dem Raum der beschriebenen Person zu unterscheiden,[72] was für den Reisebericht im Allgemeinen und *Travels* im Besonderen von augenscheinlicher Evidenz ist. Gabriele Jancke und Sebastian Cwiklinski unterscheiden diesbezüglich außerdem „zwei mögliche analytische Blickrichtungen".[73] Erstens sei es möglich durch den Text auf die außertex-

---

68 Martina Löw, *Raumsoziologie*, Frankfurt (Main) 2001, S. 13f. Löw überträgt ihre Ergebnisse auf historische Analysen im „Epilog", in: Susanne Rau (Hg.), *Zwischen Gotteshaus und Taverne: öffentliche Räume im Spätmittelalter und in der Frühen Neuzeit* (= Norm und Struktur, Bd. 21), Köln 2004, S. 463-468.
69 Ebd., S. 464.
70 Vgl. ebd., S. 464f.
71 Ebd., S. 467.
72 Andreas Bähr, Peter Burschel, Gabriele Jancke, „Räume des Selbst. Eine Einleitung", in: dies. 2007, S. 1-12, hier: S. 2.
73 Gabriele Jancke / Sebastian Cwilinski, „Räume des Selbst. Gastfreundschaft im Reisebericht des tatarischen gelehrten Publizisten Abdurraschid Ibrahim (frühes 20. Jahrhundert)", in Bähr / Burschel / Jancke 2007, S. 131-150, hier S. 133.

tuellen Räume und dessen Teilhabe daran zu schließen. Zweitens zeige der Blick auf den Text „schriftlich dargestellte, in Mustern und Strategien gestaltete und kommunikativ an andere vermittelte Räume".[74] Auf *Travels* bezogen muss hier festgehalten werden, dass gerade diese textuellen und außertextuellen Räume über Strategien der Positionierung und über räumliche Muster aufeinander bezogen werden müssen, da der Raum des Schreibens und die Räume des Beschriebenen vielfältig und divergierend sind.

---

74   Ebd.

4. Der Raum des Schreibens. Dean Mahomet in Irland

> *A few months after our arrival at Chunagur, Captain Baker disclosed his intentions of going to Europe: having a desire of seeing that part of the world, and convinced that I should suffer much uneasiness of mind, in the absence of my best friend, I resigned my commission to Subidar, in order to accompany him.*[75]

4.1 Indische Immigranten in Irland und Großbritannien

Grundlegende Forschung zu Indern in Großbritannien wurden 1986 von Rozina Visram mit dem Band „Ayahs, Lascars and Princes: Indians in Britain 1700-1947"[76] vorgelegt. Durch das Erschließen neuer Quellen konnte diese Arbeit 2002 mit dem Band „Asians in Britain. 400 Years of History"[77] aktualisiert und in ihrem historischen Zeitraum um 100 Jahre erweitert werden. Michael Fisher ergänzte diese Forschungen für die Zeit bis 1857 mit seiner Veröffentlichung „Counterflows to Colonialism. Indian Travellers and Settlers in Britain 1600-1857"[78] um eingehendere Betrachtungen von Selbstzeugnissen und von detaillierten Einzelschicksalen. Durchgängiges Thema seiner Untersuchungen ist dabei die öffentliche Verhandlung kultureller Identitäten.[79]

Die Darstellung der rechtlichen, sozialen und wirtschaftlichen Lage indischer Einwanderer in Großbritannien und Irland steht allerdings genau vor dem Problem

---

75 Mahomet 1996, S. 101.
76 Visram 1986.
77 Rozina Visram, *Asians in Britain. 400 Years of History*, London / Sterling 2002.
78 Fisher 2004a.
79 Vgl. ebd., S. 4.

einer Definition Indiens. Die Bezeichnung *Indian* oder auch *East-Indian* wurde im 18. Jahrhundert umfassender als heute gebraucht und war nicht klar abzugrenzen von den Bezeichnungen *Oriental* oder *Asian*.[80] Die Forschungsergebnisse sind daher weniger spezifisch hinsichtlich der regionalen Herkunft der Migranten als vielmehr hinsichtlich des Migrationsgrundes.

Die beiden mit Abstand größten Gruppen indischer Migranten in Großbritannien und Irland waren die Schiffsangestellten, die *lascars*, und die Hausangestellten. *Lascars* wurden häufig nach der Überfahrt entlassen und lebten mit dem dauerhaften Anliegen, eine Einstellung auf einem Schiff nach Indien zu erlangen, in großer Armut in den Hafenstädten Großbritanniens und Irlands.[81] In einer vergleichbaren Situation befanden sich auch persönliche Bedienstete von East India Company-Angehörigen oder anderen Indien-Rückkehrern. Häufig wurden auch diese nach der Überfahrt entlassen. Sie hatten allerdings durch ihre Berufserfahrung noch größere Möglichkeiten, vor Ort eine Anstellung zu finden. Gelang dies nicht, lebten sie wie die *lascars* in gravierender Armut und in der Erwartung einer Rückkehr.[82]

Allein Bedienstete, die von ihren Arbeitgebern in den Haushalt übernommen wurden, hatten eine bessere und teilweise auch gesicherte soziale und wirtschaftliche Stellung und zu dieser Gruppe ist auch Dean Mahomet zu zählen. Seit der Mitte des 18. Jahrhunderts war es für Indien-Rückkehrer üblich, indische Bedienstete einzustellen.[83] Obwohl indische Hausangestellte als Beitrag zur Exotik eines Haushaltes geschätzt waren, lebten sie am Rande der britischen Gesellschaft und ohne beständige soziale Verbindungen zu anderen Indern. Häufig bestand sogar

---

80   Vgl. ebd., S. 5.
81   Vgl. Visram 2002, S. 15ff.
82   Auch für sie galt die aus den 1760er Jahren stammende Verordnung, dass kein indischer Angestellter an Bord eines East India Company-Schiffes gelassen werden solle, ohne dass ein Pfand für seine Rückkehr hinterlegt würde. Umgangen werden konnte diese Verordnung allerdings durch die Überreise auf Schiffen anderer Nationen, ebenso gingen auch Godfrey E. Baker und Dean Mahomet vor. Vgl. Fisher 1996, S. 188f.
83   Visram macht erste Hinweise auf im Haushalt angestellte Bedienstete indischer Herkunft bereits im frühen 17. Jahrhundert aus. Vgl. Visram 2002, S. 6f. Eine wesentliche Quelle, die Zugang zum Leben dieser Bediensteten verschafft, sind die Zeitungsanzeigen derer, die neue Anstellungen suchten. Diese sind auch als Hinweis darauf zu werten, dass es durchaus Möglichkeiten eines Auskommens gab, wenn ein Bediensteter oder eine Bedienstete einmal zu einer Anstellung gelangt war. Vgl. ebd., S. 9.

Unklarheit über ihren rechtlichen Status.[84] Von der damaligen Ausländergesetzgebung, die auf Migranten innerhalb des United Kingdom oder auf Immigranten vom Kontinent ausgelegt war, wurden sie kaum erfasst.[85] Eine soziale und politische Rechtsstellung erhielten sie im Wesentlichen durch Niederlassung in einer Gemeinde und die christliche – anglikanische – Taufe.[86] Den größten gesicherten Wohlstand, den Hausangestellte in Großbritannien für gewöhnlich erlangen konnten, erhielten sie durch die Unterstützung ihrer Arbeitgeber. Deren soziale Stellung war auch für sie ein entscheidendes Element sozialer Anerkennung.

Die öffentliche Wahrnehmung indischer Identität erfuhr im späten 18. Jahrhundert aufgrund des wachsenden öffentlichen Bewusstseins für die britische Kolonialherrschaft über Teile des Indischen Subkontinents eine entschiedene Wandlung.[87] Fisher weist darauf hin, dass gerade die öffentliche, häufig in den Printmedien geführte Diskussion im zweifachen Sinne bezeichnend sei für die kontinuierliche Festlegung indischer Identität in der Metropole. Zum einen wurden Bilder von indischer versus britischer Identität in der Öffentlichkeit entworfen, zum anderen wurde diese Form des öffentlichen Diskurses selbst als Zeichen zivilisatorischer Überlegenheit begriffen. Obwohl aber diese Printmedien somit zu einer kolonialen Wahrnehmung Anderer beitrugen, boten sie auch indischen Migranten, so sie denn die finanziellen Mittel hatten, ein Medium, in welchem sie sich innerhalb ihrer Grenzen der anonymen Öffentlichkeit darstellen konnten.[88] Grenzen wurden ihnen dabei von den sich entwickelnden rassistischen Stereotypen gesetzt. Die Historike-

---

84 Der Verkauf von Hausangestellten weist darauf hin, dass einige den Status von Sklaven hatten. Die häufigen Anzeigen auf flüchtige Hausangestellte in den Zeitungen lässt auf ein eher leidvolles Leben der Bediensteten schließen. Vgl. ebd. S. 13f.
85 Vgl. Andreas Fahrmeir, *Citizens and Aliens. Foreigners and the Law in Britain and the German States 1789-1870* (= Monographs in German History, Bd. 5), New York / Oxford 2000, S. 44ff. Diese Unsicherheit des rechtlichen Status' hatte ihre Ursache in der Debatte um die Bedeutung indischer Herkunft und der sich daran knüpfenden rechtlichen Zuständigkeit, die weder der Staat noch die East India Company übernehmen wollte. Vgl. Fisher 2004a, S. 201-211.
86 Vgl. ebd., S. 225f. Obwohl allgemein angenommen wurde, dass die christliche Taufe aus der Sklaverei befreien würde, gab es auch einige gegensätzliche Rechtsbeschlüsse, Vgl. Kathleen Wilson, „Citizenship, empire and modernity in the English provinces, c. 1720-90", in: Catherine Hall (Hg.), *Cultures of empire. Colonizers in Britain and the empire in the nineteenth and twentieth centuries*, Manchester 2000, S. 157-186, hier: S. 170f.
87 Vgl. Fisher 2004a, S. 188.
88 Vgl. ebd., S. 91f.

rin Kathleen Wilson konnte aufzeigen, wie die Wahrnehmung kolonialer Anderer mit der Herausbildung einer britischen Identität im Zusammenhang stand.[89] Die Kolonialherrschaft selbst erforderte Vorstellungen zivilisatorischer Überlegenheit, aber auch Kritiker der imperialen Politik beriefen sich auf die Gefahr moralischer Korruption durch den Kontakt mit ostasiatischen Völkern.[90]

Obwohl die gewöhnlichen Bezeichnungen als *Indian*, *Asian* oder *Oriental* nicht auf eine ethnisch differenzierte Wahrnehmung schließen lassen, bestanden doch sowohl hinsichtlich religiöser als auch geschlechtlicher Zugehörigkeit spezifische Stereotype. So setzte die Vorstellung ausgeprägter Feminität indischer Männer deren soziale Stellung herab, widersprach aber durchaus der stereotypisierten Wahrnehmung muslimischer Männer, welche in diversen Publikationen als moralisch verdorben, sexuell übergriffig und despotisch dargestellt wurden.[91] Die populären Darstellungen orientaler Exotik, die eine mediale Bandbreite von wissenschaftlichen Aufsätzen über Theaterstücke bis hin zu Menschenzoos abdeckte, dienten der Kommerzialisierung orientalistischer Stereotype.[92] Indische Immigranten sahen sich also nicht nur mit einer Vielzahl durchaus widersprüchlicher und abwertender Stereotype konfrontiert, die ihre soziale Zugehörigkeit und Handlungsfähigkeit beeinflussten und einschränkten, sie mussten sich grundsätzlich gegen die strukturelle Verfügbarkeit von Wissen und Ansichten über ihre Identität behaupten.

Allein die Annahme, dass der Rassismus des 18. Jahrhunderts im Vergleich zu dem des 19. Jahrhunderts weniger biologistisch gewesen sei, wie Fisher im Bezug auf Wilson anführt,[93] ist kein Hinweis darauf, in welchem Maße indischen Immigranten die sozialen Mittel zur Verfügung standen, sich innerhalb weniger statischer Kategorien zu wandeln. Für gewöhnlich erlaubten eine Anpassung an englische Normen und Lebensgewohnheiten sowie das Bekenntnis zum anglikanischen Glauben es Immigranten, sich einen größeren sozialen Handlungsspielraum zu er-

---

89 Wilson 2000.
90 Vgl. ebd., S. 161-163.
91 Vgl. Fisher 1996, S. 211f.
92 Vgl. ebd., S. 210f.
93 Vgl. Fisher 2004b, S. 92, Zitat nach Kathleen Wilson, „The Island Race", in: Tony Claydon / Ian McBride (Hg.), *Protestantism and National Identity*, Cambridge 1998, S. 265-290, hier: 267. In *Counterflows to Colonialism* spricht Fisher zwar auch von den medialen Mitteln der jeweiligen Person, erläutert aber nicht, welche diese waren und in welchem sozialen Zusammenhang sie standen. Vgl Fisher 2004a, S. 12f.

öffnen.[94] Ob ein solcher Wandel, der sich immer zur stereotypisierten Herkunft verhalten musste, gelang, entschied sich in Abhängigkeit davon, ob er im sozialen Umfeld akzeptiert wurde. Die Äußerungen indischer Immigranten diesbezüglich müssen daher nicht nur als Hinweis auf die inhaltliche Verhandlung von Stereotypen verstanden werden, sondern auch als Verhandlung über die sozialen Möglichkeiten der Mitbestimmung und der Sprechpositionen. Die *agency* einer Schreibhandlung drückt sich nicht allein darin aus, einem die Handlungsmöglichkeiten determinierenden Stereotyp zu widersprechen oder selbiges für die eigenen Interessen einzusetzen, sondern auch darin, diejenige mediale Stelle einzunehmen, an welcher der größte Handlungsspielraum behauptet und gewonnen werden konnte.

4.2 Dean Mahomet und die anglo-irische Elite

Die Situation Dean Mahomets unterscheidet sich in einigen wesentlichen Aspekten von der anderer indischer Immigranten. Galt für ihn auch die gleiche rechtliche Unsicherheit und die Konfrontation mit den eben geschilderten Stereotypen in der Öffentlichkeit, so gab es doch in seinem Umfeld persönliche Kontinuitäten zwischen der Zeit in Indien und jener in Irland und auch über diese hinaus. Dean Mahomet lebte in einem wesentlich beständigeren Beziehungsnetzwerk mit weit ausgedehnteren und sozial angeseheneren Patronage-Verhältnissen als die meisten anderen indischen Immigranten. Diese Verhältnisse erklären sich nicht nur aus der individuellen Beziehung Godfrey E. Bakers zu Dean Mahomet, sondern gerade aus der Beschaffenheit der sozialen Beziehungen innerhalb der anglo-irischen Elite und unter den East India Company-Angehörigen.

Die irische Gentry, zu der die Familie der Bakers zählte, war in sich strukturiert durch ineinandergreifende verwandtschaftlich und geschäftlich bestimmte Gruppen, die im wirtschaftlichen Interesse einzelner Familien konstituiert und aufrechterhalten wurden. Die Patronage- und Verwandtschaftsverhältnisse innerhalb dieser Gesellschaft waren beständige Bindungen und bildeten ein enges soziales Netzwerk.[95] So kann die gezielte Heirat in andere angesehene Familien oder auch in die

---

94 Vgl. ebd.
95 Vgl. J. L. McCracken, „Protestant Ascendency and the Rise of Colonial Nationalism, 1714-1760", in T.W. Moody / W.E. Vaughan, *A new history of Ireland. Vol IV: Eighteenth Century 1691-1800*, Oxford 1986, S. 105-121, hier: S. 107f.

Aristokratie, wie sie der Baker-Clan praktizierte, als durchaus typisch gelten. Auch die häufigen verwandtschaftlichen Bindungen zwischen Familien, die in den gleichen oder benachbarten Berufen tätig waren, ist kennzeichnend für diese Art der Familienpolitik. Im Fall der Familie Bakers waren dies besonders Bindungen zu anderen in Militär und Handel engagierten Familien. Die Patronage, die Godfrey E. Baker sowohl beim Eintritt in die East India Company als auch bei seinen Beförderungen zugute kam, war eingebunden in ein soziales Netzwerk, innerhalb dessen er selbst im Rahmen seiner zunehmenden Möglichkeiten andere befördern und unterstützen konnte. Dieses soziale Netzwerk innerhalb der Bengal Army setzte sich aus Angehörigen der anglo-irischen Elite zusammen und hatte nicht nur zwischen einzelnen Personen, die nach dem Dienst in Indien nach Irland zurückkehrten, sondern auch zwischen deren Familien in Irland Bestand.[96] Diese Verhältnisse bilden sich in *Travels* sowohl durch die Erwähnung von Personen, die mit den Bakers in engen Verbindungen standen, als auch in der Liste der Subskribenten in *Travels* ab. Diese Personennetzwerke bilden somit einen sozialen Raum, der sowohl in dem Raum der Erzählung als auch in dem Raum des Schreibens und Veröffentlichens bestand.

Das Patronage-Verhältnis Dean Mahomets zu einzelnen Familien der anglo-irischen Elite muss allerdings gesondert begriffen werden. Allgemein sind für das 18. Jahrhundert diverse Formen der Patronage zu unterscheiden, je nach Status, Engagement und Bekanntschaftsgrad der beteiligten Personen.[97] Fisher konnte nachweisen, dass Dean Mahomet von einer typischen personalisierten sozialen Bindung profitierte, weist aber darauf hin, dass diese als Ausdruck kolonialer Machtverhältnisse verstanden werden müsse. Dem ist hinzuzufügen, dass Dean Mahomet in das Personennetzwerk der anglo-irischen Elite weder in Indien noch in Irland derart eingebunden war, dass er oder vielmehr seine Familie eine erhaltene Patronage durch vergleichbare Gegenleistungen hätte erwidern können. Er war keinem Familienverband zugehörig, der ihn auf die kennzeichnend vielfältige Art mit seinen Unterstützern verbunden hätte. Doch konnte Dean Mahomet auch nach dem frühen Tod Bakers 1786 von den Patronage-Verhältnissen der anglo-irischen Elite profitieren. So lebte er noch einige Jahre bis ungefähr 1807 im Haushalt der

---

96 Vgl. Fisher 1996, S. 155 und S. 203.
97 Vgl. J. M. Bourne, *Patronage and Society in Nineteenth-Century England*, London 1986, S. 5-9.

wiederverheirateten Witwe Bakers, einer Angehörigen der aristokratischen Massey-Familie und konnte – worauf die zahlreichen Subskribenten für sein Projekt aus den Reihen der Familie hinweisen – auf die Unterstützung weiter Teile dieses Familienverbandes zählen.[98] Auch in seinem späteren Leben in London und Brighton wirkten die Netzwerke ehemaliger East India Company-Angehöriger und Indien-Rückkehrer.

Wenig bekannt ist dagegen das Verhältnis, das er zur Familie seiner Ehefrau Jane Daly unterhielt. Die Umstände der Hochzeit lassen darauf schließen, dass Dalys Familie diese nicht unterstützte. Zeugnisse, die auf einen weiteren Kontakt hinweisen würden, sind nicht erhalten. Es liegt nahe, darf aber aufgrund der Quellenlage nicht als gesichert angenommen werden, dass die Familie Vorbehalte gegenüber dem zukünftigen Ehemann hatte.[99]

Obwohl Dean Mahomet durch die Unterstützung innerhalb der anglo-irischen Elite in vergleichbarer materieller Sicherheit lebte, hatte er den Status eines indischen Immigranten, und trotz seines Bekenntnisses zur anglikanischen Konfession verwies sein Name weiterhin auf seine religiöse Herkunft im Islam. Seine soziale Absicherung blieb bestehen, solange die Patronage-Verhältnisse aufrecht erhalten wurden; sein Status außerhalb dieser Verhältnisse bot ihm weder Anerkennung noch Sicherheit. Eben jene Besonderheit Dean Mahomets im Vergleich zu anderen indischen Immigranten, das Vorhandensein eines Beziehungsnetzwerks innerhalb der anglo-irischen Gesellschaft, war keine gesicherte Konstante. Die Stellung in diesem Netzwerk musste immer wieder neu hergestellt werden, gerade weil sie auf keiner der üblichen Formen der Einbindung beruhte. Es ist daher notwendig, die existenzielle Bedeutung, die Teile des Lesepublikums für Dean Mahomet hatten, bei der Lektüre zu berücksichtigen. Dean Mahomet schrieb für eine koloniale Elite, die in Indien an der Kolonisierung beteiligt war, und die auch in Irland selbst Debatten über ihren politischen Status führte.[100] Er schrieb für ein Personennetzwerk, welches sich innerhalb verschiedener Kontexte und in Abgrenzung zu diversen anderen Bevölkerungsgruppen als politische Elite verstand und diesen Status nicht

---

98 Vgl. Fisher 1996., S. 241f.
99 Vgl. ebd., S. 209.
100 Vgl. J. L. McCracken, „The Social Structure and Social Life 1714-1760", in: Moody / Vaughan 1986, S. 31-56, hier S. 35-37 und Fisher 1996, S. 205.

nur machtpolitisch zu sichern versuchte, sondern auch intern um dessen Bedeutung und Konsequenzen stritt.

Wenn also Fisher darlegt, wie Dean Mahomet sich durch kulturelle Assoziation eine Stellung in der anglo-irischen Elite geschaffen habe, beachtet er nicht, in welchem Maße soziale Zugehörigkeit in der anglo-irischen Elite durch soziale Verbindungen hergestellt wurde, welche Dean Mahomet gar nicht oder nur mittelbar zur Verfügung standen. Das Verhältnis Dean Mahomets zur anglo-irischen Elite ist als mittelbare Zugehörigkeit zu einem Beziehungsnetzwerk zu betrachten. Verortung oder Assoziation müssen als Handlungen verstanden werden, welche auf die Struktur des Personennetzwerkes eingehen, nicht allein auf eine diskursiv hergestellte Identität – oder auf gegebene kulturelle Räume, wie Fisher es tut.

Die Verortung erschließt sich im Raum der Erzählung, in welchem Dean Mahomet sich narrativ zum Personennetzwerk der Bengal Army verhält und darin einordnet, wie die Quellenlektüre zeigen soll. Dieses Netzwerk verbindet den Raum des Schreibens und den Raum der Erzählung. Es gilt daher zu überprüfen, auf welche Weise die Selbstverortung vorgenommen wird und wie sie mit jenen Räumen zusammenhängt, welche die East India Company herstellte und auch selbst darstellte.

5. Der Raum der Erzählung. Die East India Company und die Kolonisierung des Indischen Subkontinents

> *I shall now give you some account of the city of Delhi, which is the capital of the province, and situate in the centre of the empire: it lies in 78 degrees, east longitude from London, and 26 degrees north latitude. It's form is something like a crescent standing on the river Jemma, which runs through it.*[101]

Im Folgenden soll der historische Kontext dargelegt werden, auf welchen sich *Travels* im größten Teil der Erzählung bezieht: die Kolonisierung des Indischen Subkontinents durch die East India Company. Fokus dieser Darstellung ist die Konstruktion eines diskursiv, sozial und geographisch zu erfassenden Herrschaftsraums auf dem Indischen Subkontinent durch die East India Company und ihre Bengal Army. Anhand dessen soll die Frage beantwortet werden, inwiefern Wissensdiskurse über den Raum eine Position des beobachtenden und aussagenden Subjekts in diesem implizieren.

5.1 Die East India Company auf dem Indischen Subkontinent im 18. Jahrhundert

Schon die Jahrzehnte vor dem Beginn der politischen Herrschaft der East India Company auf dem Indischen Subkontinent im späten 18. Jahrhundert waren geprägt von einem tiefgreifenden Wandel der politischen und sozialen Verhältnisse. Das Mughal-Imperium, welches sich seit dem frühen 16. Jahrhundert zur größten

---

101 Mahomet 1996, S. 71.

territorialen Macht auf dem Subkontinent entwickelt hatte, verlor seine politische Macht nach und nach an regionale, untergeordnete Herrscher und war zudem den außenpolitischen Bedrohungen zusehends weniger gewachsen.[102] Die grundlegende Vielschichtigkeit und Dynamik des politischen Systems ermöglichte es ständig neuen Gruppierungen, zu politischer und wirtschaftlicher Macht zu gelangen. In die in diesem Kontext entstehenden herrschaftspolitischen, fiskalischen und wirtschaftlichen Konflikte zwischen den verschiedenen politischen und wirtschaftlichen Mächten intervenierten sowohl die englische als auch die französische Handelskompanie in gegenseitiger Konkurrenz.

Nachdem die East India Company bereits seit dem 17. Jahrhundert ihren wirtschaftlichen und militärischen Einfluss zunächst von den küstennahen Faktoreien auf die umgebenden Gebiete ausgeübt hatte,[103] beteiligte sie sich seit der Mitte des 18. Jahrhunderts vermehrt an politischen Auseinandersetzungen, was zu einer Ausdehnung ihres Einfluss- und schließlich auch Herrschaftsbereiches führte. 1764 endete eine kriegerische Auseinandersetzung mit verschiedenen nordindischen Mächten damit, dass der militärisch siegreichen East India Company der *diwani* für Bengalen, Bihar und Orissa übertragen wurde. Dieses Amt beinhaltete nicht nur das Recht auf Steuereinzug, sondern auch auf die zivile Rechtsprechung.[104] Auf die-

---

102 Sowohl über das Ausmaß des Machtverlusts als auch über seine Gründe besteht seit Jahrzehnten eine Forschungsdebatte, deren Differenzen im wesentlichen in abweichenden Auffassungen des Staatswesens des Mughal-Imperiums begründet liegen. Vgl. diese Debatte zusammenfassend: Farhat Hasan, *State and Locality in Mughal India* (= University of Cambridge Oriental Publications, Bd. 61), Cambridge 2004, S. 4ff.
103 Christopher A. Bayly, *Indian Society and the Making of the British Empire* (= New Cambridge History of India Bd. 2.1), Cambridge 1988, S. 45. Ihre primär wirtschaftliche, aber auch militärische und politische Einflussnahme war bis über die Mitte des 18. Jahrhunderts hinaus durch das Konkurrenzverhältnis der East India Company zu den Handelskompanien anderer Nationen geprägt. Mit dem Ende des im Siebenjährigen Krieges und dem Pariser Frieden 1763 erlangten die Briten schließlich trotz weiterer Bemühungen anderer Kompanien um Einfluss eine Vormachtstellung. Vgl. Bayly 1988, S. 45f.
104 Der East India Company waren bereits vor 1765 vereinzelte Rechte auf Steuereinzug verliehen worden. Die damit erfolgte Aneignung auch politischer Herrschaft war keineswegs eine von den Verhältnissen erzwungene und nicht-intendierte Folge aus den Handelsinteressen der East India Company. Vielmehr bestand schon seit 1753 das Vorhaben, durch Absetzung des *nawabs* und Übernahme der elitären wirtschaftspolitischen Funktionen eine faktische Herrschaft über die Provinz Bengalen zu erlangen, in welcher die größten Salpetervorhaben bekannt waren. Vgl. Michael Mann, *Bengalen im Umbruch. Die Herausbildung des britischen Kolonialstaates 1754-1793* (= Beiträge zur Kolonial- und Übersegeschichte, Bd. 78), Stuttgart 2000, S. 41.

se enorme Ausweitung der administrativen Aufgaben der East India Company reagierte die East India Company mit einer Zentralisierung der Verwaltung, die auch zur Schaffung des Amtes des Governor-General im Jahr 1772 führte.[105] Die Zentralisierung der fiskalischen und juristischen Administration konnte allerdings nur im Ansatz durchgesetzt werden.[106] Die *zamindars*, die an der Spitze der fiskalischen Administration standen, akzeptierten die Einschränkung ihres politischen Einflusses ebenso wenig, wie die Landbevölkerung die höhere finanzielle Belastung hinnahm.

Der daraus resultierende und andauernde Konflikt um die Höhe der Steuern und Landabgaben der *zamindars* und der Landbevölkerung unterschied sich in seiner Art kaum von den Auseinandersetzungen um politischen Einfluss, welche zuvor mit der Mughal-Nobilität geführt wurden. Die Briten allerdings fassten ihn als Rebellion gegen ihre Herrschaft auf und versuchten, ihn zu unterdrücken. Ebenso interpretierten die Briten die Bemühungen der *zamindars* und der lokalen Potentaten, zugleich gegeneinander und gegenüber der East India Company ihre Machtposition zu sichern, als Landfriedensbruch und Rebellion.[107]

Im Konflikt befanden sich die Briten auch mit den nomadisierenden oder semisedenten Bevölkerungen, vor allem den *saniyasis* und den *fakirs*, die großen Rückhalt in der sesshaften Bevölkerung besaßen und dort auch religiöse Verehrung erfuhren. Da die umherziehende Bevölkerung kaum zu Steuerabgaben herangezogen werden konnte, versuchten die Briten seit Beginn ihrer Herrschaft Nomadismus und Nicht-Sesshaftigkeit durch Kriminalisierung dieser Lebensweisen zu unterbinden.[108] Der militärisch effizienten Gegenwehr der *saniyasis* konnten die Briten wegen ihrer mangelnden topographischen Kenntnisse allerdings nur ein noch verschärftes Verbot des Nomadismus entgegensetzen.[109]

Zur einer effizienten Herrschaft fehlte es der East India Company an Ortskenntnis, an Kenntnis der politischen und juristischen Verhältnisse und an einer

---

105 Vgl. ebd., S. 258.
106 Vgl. ebd., S. 14f.
107 Vgl. ebd., S. 59.
108 Vgl. ebd., S. 219ff. Die Kriminalisierung ging mit einer Dichotomisierung der umherziehenden Religiösen in kriminelle Vagabunden und friedliebende Mönche einher. Daher stammt auch das heutige Bild des Fakirs als eines in sich gekehrten mönchisch lebenden Menschen, der sich auf die religiöse Disziplinierung seines Selbst beschränkt.
109 Vgl. Bayly 1988, S. 25.

Herrschaftslegitimation gegenüber der Bevölkerung, die über die nominelle Anerkennung des Mughal-Herrschers hinausgegangen wäre. Daher war diese Periode der beginnenden Kolonialherrschaft geprägt von den ersten Versuchen einer Aneignung von Landeskenntnissen, aber auch von einer Repräsentation dieser Kenntnisse, welche im Wesentlichen der Herrschaftslegitimation diente.

5.2 Die Bengal Army

In der Bengal Army als einer Institution der East India Company liefen verschiedene Stränge der Herrschaftsaneignung und -sicherung zusammen. Nicht nur wurde sie in militärischen Auseinandersetzungen eingesetzt, sondern auch zum Steuereinzug. Zudem waren viele der Unternehmungen zur Wissensaneignung, wie zum Beispiel die Kartographierung Bengalens, personell und organisatorisch mit ihr verbunden.

Die Bengal Army bestand aus drei Brigaden zu je sechs *sepoy*-Bataillonen und jeweils einem europäischen Infanterieregiment, einer Kavallerie-Einheit und einer Artillerie-Kompanie. Die *sepoy*-Bataillone rekrutierten sich im Wesentlichen aus den ländlichen Gegenden Bengalens; in ihrer Organisation wurde die soziale Ordnung der hinduistischen Bevölkerung, wie die East India Company sie verstand, übernommen, um sowohl die Heeresdisziplin zu stärken als auch die britische Herrschaft gegenüber der Bevölkerung zu legitimieren.[110] Die Rekrutierung der *sepoys* schuf eine der wenigen Verbindungen zwischen der East India Company und der breiten indischen Bevölkerung. Indigene Militärangehörige waren für die Anreicherung von Landeskenntnissen von großer Bedeutung.[111] Gleichzeitig brachten ihnen die Briten in der Befürchtung, die sepoys würden interne Kenntnisse der Armee an verfeindete Herrscher weitergeben, Misstrauen entgegen.[112] Die Aufstiegsmöglich-

---

110 Vgl. Seema Alavi, *The Sepoys and the Company. Tradition and Transition in Northern India 1770-1830*, Oxford / Delhi 1995, S. 44f.
111 Hier muss einschränkend hinzugefügt werden, dass nicht alle nicht-europäischen Militärangehörigen aus den betroffenen Regionen stammten. Vgl. zum militärischen Arbeitsmarkt Dirk H. A. Kolff, *Naukar, Rajpu and Sepoy. The ethnohistory of the military labour market in Hindustan, 1450-1850* (University of Cambridge Oriental Publications, Bd. 43), Cambridge 1990, S. 17-29.
112 Grundsätzlich hegte die Führung der East India Company Zweifel an der Loyalität der indischen Armeeangehörigen, auch wenn es beispielsweise die *sepoys* waren, die der Armee-

keiten indischer Armeeangehöriger waren begrenzt. Eine mit dem Unteroffiziersamt vergleichbare Stellung, die auch Dean Mahomet einnahm, *jemadar* oder *subadar* genannt, war der höchste für sie vorgesehene Rang, den sie offiziell nur in hohem Dienstalter erlangen konnten und der noch den niedrigen Offiziersrängen der Europäer untergeordnet war.[113]

Ihrer Organisation nach war die Bengal Army zweigeteilt. Der Führungsstil, die Ausstattung und Technologie waren europäisch; die Versorgung wurde weitenteils von Indern organisiert. Der Armee folgte ein *bazaar*, der selbige mit zivilen Gütern versah. Die Händler des *bazaar* gehörten nicht der Armee an, unterlagen aber dennoch einigen ihrer Bestimmungen.

Die Offiziersränge und die übrigen Regimenter wurden von Europäern, zumeist Engländern, Schotten oder Anglo-Iren besetzt.[114] Der Einstieg in die Offizierslaufbahn und der Fortschritt auf ihr waren ganz wesentlich an Patronage-Verhältnisse gebunden.[115] Diese Praxis hatte zur Herausbildung verwandtschaftlicher Netzwerke innerhalb der East India Company geführt, in denen sich gegenseitig Patronage gewährt wurde.[116] So gehörte Sir Eyre Coote, Oberbefehlshaber in der Bengal Army und Patron von Godfrey E. Baker,[117] einer Familie an, die beständig die hohen Ränge der East India Company zu besetzen wusste.[118] Schon zu

---

führung 1760 halfen, einen Aufstand der europäischen Soldaten zu unterdrücken. Vgl. Alavi 1995, S. 1-4.

113 Vgl. Gerald Bryant, „Officers of the East India Company's Army in the Days of Clive an Hastings", in: Patrick Truck (Hg.), *The East India Company 1600-1858, Vol. 5: Warfare, Expansion and Resistance* , New York 1998 [Journal of Imperial and Commonwealth History, Bd. 15.1, London 1985], S. 32-60, hier: S. 36f. Der Dienst für die Europäer war dennoch attraktiv, weil nicht nur einige ältere Armeen sich im Niedergang befanden, sondern auch weil die Gehaltszahlungen regelmäßiger ausfielen als in anderen Armeen üblich. Vgl. Alavi 1995, S. 40.

114 Während eine große Anzahl katholischer Iren als Soldaten in den Kolonialarmeen dienten, wurden sie aufgrund ihrer konfessionellen Zugehörigkeit nicht zu den Offiziersrängen zugelassen. Vgl. P. E. Razzell, „Social Origins of Officers in the Indian and British Home Army: 1758-1962", in: The British Journal of Sociology, Bd. 14.3 (1963), S. 248-260, hier: S. 249. Somit schlugen sich die konfessionellen Herrschaftsverhältnisse in Irland auch in den Kolonialarmeen nieder, was den Status der anglo-irischen Elite als einer Machtelite deutlich kennzeichnet.

115 Vgl. Peter J. Marshall, *East Indian Fortunes. The British in Bengal in the Eighteenth Century*, Oxford 1976, S. 17.

116 Vgl. ebd., S. 11f.

117 Vgl. Fisher 1996, S. 174 und S. 190.

118 Vgl. Marshall 1976, S. 12.

Beginn ihrer militärischen Laufbahn versorgten sich die Kadetten mit einer Entourage von indischen Bediensteten, die mit zunehmendem Dienstgrad und Vermögen wuchs. Zu dieser Entourage hat zumindest zu Beginn seiner Karriere auch Dean Mahomet gezählt.

Wegen ihrer ständigen Bewegung durch Bengalen und wegen des relativ hohen Schutzes, den sie bieten konnte, schlossen sich die Geographen, die seit den 1770er Jahren das Herrschaftsgebiet der East India Company zu erschließen versuchten, der britischen Armee an. Es trugen aber auch Militärangehörige, die nicht mit allein dieser Aufgabe betraut waren, geographische und landeskundliche Kenntnisse zusammen, soweit es ihnen möglich war und in ihrem Interesse lag. Oft wurden für diese Tätigkeiten indigene Mitarbeiter eingestellt, die im weitesten Sinne zur Armee zählten, ihr aber nicht eigentlich unterstanden.

Die Bengal Army als derjenige Zweig der Armee der East India Company, welcher die damals größte und bedeutsamste Territorialherrschaft auf dem Indischen Subkontinent herzustellen, zu sichern und zu vertiefen hatte, war also in vielerlei Hinsicht ein sozialer Raum, welcher durch koloniale Machtverhältnisse und Abhängigkeiten hergestellt wurde. Trotz ihrer hierarchischen Übergeordnetheit waren die Briten in der Versorgung, in der Durchsetzung ihrer individuellen Handelsinteressen und in der Erlangung von Landeskenntnissen vom Tross der Armee, von ihren indischen Bediensteten und von den rangniederen indischen Offizieren wie auch von den *sepoys* abhängig.

5.3 Konstruktion und Repräsentation historischer Räume

„‚India' does not comprise a pre-existent stage, framed by mountains and oceans, on which the events of history play out. It is not a ‚theater of its own design' [...]. It is instead a creation of historical events and processes. It is, like all other regions to which we ascribe some meaning, the product of spatial history."[119]

Der Geograph Matthew Edney hat in seinem Band „Mapping an Empire. The geographical construction of British India" untersucht, auf welche Weise der geo-

---

119 Matthey Edney, *Mapping an Empire. The geographical construction of British India, 1765-1843*, Chicago / London 1997 (1990), S. 16.

graphische Raum Indien, genauer gesagt: Britisch Indien hergestellt wurde.[120] Er erläutert darin die Entwicklung von den ersten geographischen Vermessungen James Renells, des ersten britischen Kartographen Bengalens, seit den 1760er Jahren bis zum *Great Trigonometrical Survey* im frühen 19. Jahrhundert.[121] In seiner eingehenden Untersuchung geographischer Diskurse und Techniken fasst er geographische Konstruktionen explizit als historisch spezifische Bedeutungszuschreibungen und diskursive sowie praktische Machtausübungen auf. Er stellt einen untrennbaren Zusammenhang her zwischen Ideologie und Praxis der Wissensherstellung und zwischen ihrer symbolischen und ihrer technischen Ebene. Diesen Zusammenhang beschreibt er als grundlegenden Widerspruch zwischen dem Ideal einer panoptischen Erfassung des kolonialen Raumes und dem tatsächlichen inkongruenten und hybriden kartographischen Bild, welches nur bedingt der politischen Herrschaft dienen konnte.[122] Des weiteren ist seine grundlegende Annahme festzuhalten, dass Raum nicht als natürlich vorhandene Bühne historischen Geschehens, sondern vielmehr als ein Ergebnis historischer Prozesse anzusehen sei. Diese schließt ihn an raumtheoretische Überlegungen, wie sie in der Forschungsliteratur unter den Schlagwörtern *spatial turn* oder *topographical turn* zusammengefasst werden, an.[123]

Edney fasst den historisch konstruierten Raum eigentlich als einen signifikativen Zusammenhang dreier ontologisch zu unterscheidender Räume auf.[124]

---

120 Vgl. Edney 1997.
121 Das *Great Trigonometrical Survey* war ein im frühen 19. Jahrhundert begonnenes Projekt einer umfassenden geographischen Ortsbestimmung mithilfe der trigonometrischen Landvermessung. Der englische Begriff *survey* ist im Kontext der Geographie mit Vermessung oder Erhebung zu übersetzen. Dennoch ist gerade für die Frage nach einer politisch relevanten Perspektive auf das Land die weitere Bedeutung des Überblicks aufschlussreich. Vgl. Mann 2000, S. 279. Daher wird, wenn nicht ausdrücklich nur die Vermessung gemeint ist, im Folgenden der englische Ausdruck verwendet.
122 Vgl. Edney 1997, S. xiii. Edneys Begriff der Hybridität meint hier eine Kartographie, die auf verschiedenartige Quellen wie beispielsweise Distanzmessungen, brahmanische Längengrade oder narrative Ortsangaben zurückgreift. Sein Hybriditätsbegriff ist daher nicht mit dem oben dargelegten Bhabhas gleichzusetzen.
123 Die Entwicklung von Raumbegriffen in wissenschaftlichen Diskursen seit der Mitte des 20. Jahrhunderts wird kontrastierend zusammengefasst in Sigrid Weigel, „Zum topographical turn: Kartographie, Topographie und Raumkonzepte in den Kulturwissenschaften", in: KulturPoetik, Bd. 2.2 (2002), S. 151-165.
124 Diese Differenzierung ist eine Interpretation meinerseits. Edney selbst äußert sich nicht eingehend zur Struktur seines Raumbegriffes. Er weist lediglich darauf hin, dass Raum ohne signifikative Praktiken nicht hergestellt werden könne.

Er geht erstens von einem geographischen Raum aus, der in historischen Prozessen hergestellt wird, wie es das oben einleitende Zitat besagt. So hing beispielsweise die Entwicklung der Landesbezeichnung *India* mit den sich verändernden wirtschaftlichen und politischen Interessen der Briten zusammen und schlug sich schließlich in der Vereinheitlichung verschiedener Regionen und Herrschaftsgebiete zum Land Indien in der zusammenhängenden Kartographie James Renells nieder.[125]

Zweitens spricht Edney vom Raum in der Repräsentation. Die Raumdarstellungen, auf die Edney sich bezieht, hauptsächlich geographische Karten und trigonometrische Vermessungen, aber auch Landschaftsmalerei und Reiseberichte, verknüpfen zweierlei Informationen miteinander. Zum einen ordnen sie geographisches Wissen an; zum anderen stellen sie ein signifikatives Verhältnis her zwischen dem Beobachter – dem Geographen, dem Landschaftsmaler oder dem Verfasser eines Reiseberichts – und dem beobachteten Raum sowie den in ihm agierenden Menschen.

Drittens geht Edney von einem Raum aus, der aus der Ordnung der signifikativen Darstellungen des ersten Raumes besteht, dem Archiv. Das Archiv, indem es in die Metropole verschifft wurde, machte den Raum der kolonialen Herrschaft vermeintlich aus der Ferne verfügbar. So konnte die East India Company annehmen, einen panoptischen Blick – hier formuliert Edney im Foucaultschen Sinne – über das Gebiet ihrer Herrschaft zu haben, obwohl dieses Panoptikum allein in den Epistemen ihrer Wissenschaft, nicht aber in ihrem faktischen Wissen Bestand hatte.[126]

Der Zusammenhang dieser drei Räume oder auch Ebenen des Raumes besteht in den signifikativen Praktiken, welche auf historisch spezifische Weise dem eigentlich geographischen Raum, hier dem Indischen Subkontinent, einen bedeutungstragenden und sozial strukturierten Raum einschreiben, den von Edney so genannten *imperial space*. Der hier vorgestellte Ansatz gewinnt an Evidenz, wenn man ihn mit den theoretischen und methodischen Überlegungen Löws zusammendenkt.[127] Der *imperial space* kann mit Löw als ein Raum begriffen werden, der den Anspruch einer politischen Vormacht der Briten auf dem Indischen Subkontinent gegenüber ande-

---

125 Vgl. Edney 1997, S. 3-16.
126 Vgl. ebd., S. 40f. und S. 331-337.
127 Vgl. oben S. 32-34.

ren sozialen kulturellen Räumen geltend macht. Hierfür und hierdurch werden dieser Ort und seine sozialen Räume als das der politischen Herrschaft entsprechende *India* behauptet. Die Ortsbezeichnung *India* ist daher als eine Bezeichnungspraxis innerhalb eines politischen Prozesses zu verstehen, in welchem diverse andere Ortsbezeichnungen, die bei anderen sozialen und politischen Gruppen im Gebrauch sind, verkannt und untergeordnet werden.

5.4 Landeskenntnis

Edney leitet sein Konzept des *imperial space* im Wesentlichen aus den Praktiken der Vermessung und der Kartographie her,[128] wobei er am Rande auch auf andere Formen und Praktiken der Aneignung von Wissen verweist. All diese verschiedenen Praktiken griffen ineinander und waren Teil eines umfassenden Versuchs, Kenntnisse über die Länder auf dem Indischen Subkontinent und besonders über Bengalen zu erlangen. Die Anreicherung von Landeskenntnissen stand allerdings in einem inneren Spannungsverhältnis zwischen dem Bedarf an eingehenden Landeskenntnissen und einer stereotypisierenden Wahrnehmung und Darstellung Indiens. Die gewonnenen Kenntnisse mussten zweierlei politischen Zielen dienen: Während die Kenntnis des Landes für eine effektive Herrschaft unerlässlich war, musste aus ihr zugleich eine zivilisatorische Überlegenheit hergeleitet werden, welche die Herrschaft der Briten gegenüber der Bevölkerung in Bengalen, aber auch gegenüber der politischen Öffentlichkeit der Metropole legitimierte.[129] Diese einander widersprechenden Anforderungen an den Wissensdiskurs prägten sowohl die Kenntnisse selber als auch die Art ihrer Aneignung. Die Geographie als Universalwissenschaft

---

128 Vgl. Edney 1997, S. 18. Edney spricht hier von „maps" und „mapping". Das *mapping*, das im Zuge des spatial turn zu einer verbreiteten kulturtheoretischen Metapher geworden ist, meint in diesem Kontext sowohl die wissenschaftliche Kartographierung als auch das Vermessen, welches sich im figurativen Sinne auch auf andere Bereiche als die Geographie beziehen kann.

129 Vgl. Michael John Franklin, „General Introduction" in: Michael John Franklin (Hg.), *Representing India. Indian Culture and Imperial Control in Eighteenth-Century British Orientalist Discourse* Vol. I, London / New York, 2000, S. v-xi, hier: S. viii. Vgl. zu den politischen Debatten in England um die politische Herrschaft der East India Company auf dem Indischen Subkontinent: H. V. Bowen, „British India, 1765-1813: The Metropolitan Context", in: Peter J. Marshall, *The Oxford History of the British Empire Vol. II. The Eighteenth Century*, Oxford / New York 1998, S. 530-551.

der Aufklärung bildete die wissenschaftliche Grundlage dieses Projekts. Gleichzeitig bildete sich im späten 18. Jahrhundert mit der räumlichen Spezifizierung auf den Orient und der Hervorhebung der schriftlichen historischen Quellen als Grundlage eines zeitgenössischen Verständnisses der Gesellschaft der Orientalismus als Wissensdisziplin heraus.

Im Folgenden sollen die Bemühungen der Briten um Landeskenntnisse vor allem Bengalens im späten 18. Jahrhundert in diesem Spannungsverhältnis dargelegt werden. Anhand dieser Darstellung soll erläutert werden, wie die Erschließung und Eroberung eines geographisch zu umschreibenden Raumes zugleich einen praktisch und diskursiv umkämpften Handlungsraum mit einer spezifischen dominanten Aussageposition hervorgebracht hat. Der Kenntnisstand der Briten zu Beginn des 18. Jahrhunderts war im Wesentlichen beschränkt zum einen auf das Wissen aus literarischen Quellen, wie beispielsweise Reiseberichten und diplomatischem Schriftgut, zum anderen auf die Kenntnisse des Handels und der Verhältnisse im unmittelbaren Hinterland der Handelsniederlassungen.[130] Keinesfalls besaßen sie Landeskenntnisse, die den Ansprüchen der zeitgenössischen geographischen Wissenschaft genügt hätten. Das geographische Wissen nahm zwar seit der Mitte des 18. Jahrhunderts mit den militärischen Auseinandersetzungen zu, war aber auch auf wenige Gebiete beschränkt. Eingehende Kenntnisse der sozialen Verhältnisse, der gesellschaftlichen Sitten und der Religionen fehlten zudem fast vollständig.[131] Insofern muss den Lesern von *Travels* dieser Text als Quelle für derartige Kenntnisse erschienen sein – ein Grund mehr, diese damalige Auffassung in kritischer Lektüre zu hinterfragen und den Text nicht als historisch-ethnographische Quelle aufzufassen.

Die 1770er und 1780er Jahre können als formative Phase einer Wissenserweiterung über jenes Gebiet, als dessen Territorialherren die Briten sich seit der Übernahme des *diwani* verstanden, aufgefasst werden.[132] Sie waren geprägt von der Gouverneurschaft Warren Hastings, der ein engagierter Förderer orientalistischer Forschungen war und vielfältige Projekte wie beispielsweise die organisierte

---

130 Vgl. Christopher A. Bayly, *Empire and Information. Intelligence gathering and social communication in India* (= Cambridge Studies in Indian History and Society, Bd. 1), Cambridge 1996, S. 44-49.
131 Vgl. ebd., S. 41-43.
132 Vgl. Mann 2000, S. 260.

Kartographierung Bengalens, die Anlegung eines botanischen Gartens und die Gründung der Asiatic Society nach dem Vorbild der Royal Society in England initiierte,[133] im Sinne Edneys also die Erstellung eines Wissensarchivs über *India* vorantrieb. Die effiziente Wissensaneignung der Briten war allerdings gehemmt durch mangelnde Sprachkenntnisse. Daher waren die Briten in den ersten zwei Jahrzehnten der Kolonialherrschaft bestrebt, sowohl Kenntnisse von lokalen Informanten zu gewinnen als auch die verschiedenen Sprachen des Subkontinents zu erlernen, um die Abhängigkeit von indigenen Angestellten sowohl in der Wissensaneignung als auch in der Herrschaftsausübung zu verringern.[134]

Im Interesse einer effektiven, auf möglichst hohen Steuereinzug ausgerichteten Herrschaft wurden bei den vom Militär begleiteten und teilweise auch durchgeführten *surveys* nicht nur kartographische Informationen gesammelt und Vermessungen vorgenommen, sondern auch Kenntnisse über die Bevölkerungsstruktur, die Landwirtschaft und die Beschaffenheit der Landschaft gewonnen.[135] Diesen Unternehmungen wurde von den betroffenen Bevölkerungsgruppen teils durch gezielte Missinformationen und teils durch militärische Angriffe entgegengewirkt.[136] Da kaum ein britischer Angestellter der East India Company die regionalen Sprachen beherrschte, wurden die *surveys* von indigenen Angestellten oder Militärangehörigen durchgeführt, obwohl die Briten auch an deren Aufrichtigkeit beständigen Zweifel hegten und ihnen zudem eine Neigung zu orientaler Irrationalität unterstellten. Im kartographischen Material schlug sich die Mitarbeit indigener Angestellter kaum erkennbar nieder. Die Wissensaneignung wurde als genuin britisches Projekt dargestellt, und wenn – wie in seltenen Fällen – in den Kartenanhängen die indigenen Angestellten als Informanten angegeben waren, wurde deren Verlässlichkeit nachdrücklich vom Autor der Karte versichert, obwohl die Briten im Prozess der In-

---

133 Vgl. Peter J. Marshall, „Warren Hastings as Scholar and Patron", in: Anne Whiteman / J. S. Bromley, *Statesmen, Scholars and Merchants. Essays in Eighteenth-Century History presented to Dame Lucy Sutherland*, Oxford 1973, S. 242-262.
134 Vgl. Bernard S. Cohn, „The Command of Language and the Language of Command", in: Ranajit Guha (Hg.), *Subaltern Studies Vol. IV: Writings on South Asian History and Society*, Delhi 1985, S. 276-329, hier: 283f.
135 Vgl. Edney 1997, S. 44.
136 Vgl. Mann 2000, S. 273f.

formationsbeschaffung oftmals wenig andere Möglichkeiten hatten, als sich auf ihre Angestellten zu verlassen.[137]

Die geographischen Darstellungen ließen diese Abhängigkeit der Wissensaneignung von den indigenen Angestellten aus. Sie stellten vielmehr die britischen Kartographen und Geographen als diejenige Instanz dar, welche die Informationen aus verschiedenen Quellen kompilierte, aufeinander bezog und in ein übergeordnetes Wissenssystem einordnete. Tatsächlich war eine der wesentlichen Methoden der Kartographie der Vergleich verschiedener Karten und kartographischer Angaben. Damit einher ging allerdings auch eine Einschätzung der eigenen Wissenschaft als dasjenige System, welches Informationen, die ihrer Herkunft und ihrer Art nach unterschiedlich und widersprüchlich waren, auf ihre Wahrhaftigkeit und ihren Sinngehalt überprüfen konnte. Die Übersetzung der Längengrade, wie sie von den brahmanischen Gelehrten gemessen wurden, in europäische Längengrade fassten die Briten demnach beispielsweise nicht nur als eine Übertragung in ein anderes System, sondern zugleich als eine Prüfung deren wissenschaftlichen Wertes auf.[138] So galt auch James Renell nicht nur wegen seiner Arbeit vor Ort, sondern vor allem wegen seiner Kompilationen verschiedener Quellen als kartographischer Autor, der für sich einen Überblick über die Verhältnisse in Bengalen beanspruchen konnte.[139] Diesen Überblick durch die Kompilation im kartographischen Archiv wiederum konnte die East India Company in der Metropole als Kennzeichen ihrer Herrschaft präsentieren.[140]

Analogien hierzu zeigen sich in der Rechtsprechung. Hier wurde durch Kompilation der Gesetzestexte nicht nur eine effizientere Jurisdiktion angestrebt, sondern auch die Überlegenheit britischer orientalistischer Wissenschaft über den Orient demonstriert, zumal im Selbstverständnis der britischen Herrschaft diese Kompilation zugleich die Wiederherstellung einer ehemaligen indischen Hochkultur, die sich im Schriftgut der *brahmans* tradiert hatte, bedeutete.[141] Wie bei der geographischen Erschließung war also hier das Verhältnis der East India Company zu denjenigen gestaltet, die sowohl administrative Aufgaben ausführten als auch über die

---

137 Vgl. Edney 1997, S. 81-84.
138 Vgl. ebd., S. 97.
139 Vgl. ebd., S. 100.
140 Vgl. ebd., S. 337.
141 Vgl. Bernard Cohn, *Colonialism and its Forms of Knowledge*, Princeton 1996, S. 60-68.

entsprechenden Sach- und Sprachkenntnisse verfügten. Bernard Cohn formuliert zusammenfassend in Bezug auf die reichhaltigen orientalistischen Publikationen:

„Seen as a corpus, these texts signal the invasion of an epistemological space occupied by a great number of a diverse variety of Indian scholars, intellectuals, teachers, scribes, priests, lawyers, officials, merchants and bankers, whose knowledge, as well as they themselves, were to be converted into instruments of colonial rule."[142]

Sowohl das Wissen als auch seine Träger wurden, soweit es die Briten vermochten, diskursiv wie auch praktisch ein- und untergeordnet.[143] Auch in der historisch komparatistischen Sprachwissenschaft des Sir William Jones wird eine übergeordnete Perspektive eingenommen, die zugleich wissenschaftliches Epistem und Ausdruck eines Herrschaftsanspruchs ist.[144] Diese Perspektive lenkt den Blick ab von der Entstehung des Wissens und von dessen Quellen, auf welche die Briten nur mittelbaren Zugriff hatten. Dieser mittelbare Zugriff und auch die schlichte Unkenntnis gesellschaftlicher Institutionen des Wissens und des Informationsaustauschs widersprachen einerseits dem Anspruch einer gesicherten Herrschaft, entsprachen aber andererseits dem nur oberflächlichen Interesse am Herrschaftsraum.[145]

Das oberflächliche und überblickshafte Wissen der Briten über den Indischen Subkontinent entsprach zwar einem herrschaftlichen Selbstverständnis, welches

---

142 Cohn 1985, S. 283.
143 Das Wissen der verschiedenen sozialen Gruppen und Akteure eigneten die Briten sich nicht nur an, sie unternahmen es auch, den Handlungsspielraum, den diese mit ihrem Wissen gegenüber den indischen Eliten besaßen, einzugrenzen. So erhielt die 1784 gegründete Asiatic Society of Bengal wesentliche Beiträge von indischen Gelehrten, verweigerte ihnen aber bis 1829 die Mitgliedschaft. Vgl. Franklin 2000, S. x.
144 Vgl. zur sprachwissenschaftlichen Arbeit William Jones' Mann 2000, S. 261f.
145 Vgl. ebd., S. 280. Wie Bayly ausführt, gab es neben der politischen und wirtschaftlichen Elite und den *brahmans*, an die sich die Briten vor allem wandten, um an politische Informationen zu gelangen, diverse soziale Gruppen und Akteure, die über relevantes Wissen verfügten. Sufis, Nomadenstämme, Frauen, welche die verwandtschaftlichen Netzwerke innerhalb der Elite knüpften, und die oft literaten Tempeltänzerinnen verfügten über spezifisches Wissen, welches nicht immer für eine oberflächliche, wohl aber für eine eingehende und gesicherte Herrschaftsausübung notwendig war. Vgl. Christopher A. Bayly, „Knowing the Country: Empire and Information in India", in: Modern Asian Studies, Bd. 27.1 (1993), S. 3-43, hier: S. 15-17. Ebenso unbekannt waren den Briten die verschiedenen Künste wie Musik und Tanz und deren politische Relevanz sowie Sitten und Normen, die sich beispielsweise in Ess- und Kleidungsgewohnheiten ausdrückten. Auch erfassten die Briten weder die sozialen noch die religiösen Wertvorstellungen, die beispielsweise diplomatischen Schenkungen zugrunde lagen. Vgl. Bayly 1996, S. 46f. und S. 55.

indigenes Wissen als solches unterordnete, konnte aber die unterliegenden Schichten des Wissens nicht als irrelevant auffassen, da diese für eine gesicherte Herrschaft unabdingbar waren. Der nur mittelbare Zugriff auf gesellschaftliche Institutionen des Wissens und des Informationsaustauschs, oder auch die schlichte Unkenntnis dieser, stellten eine in der wissenschaftlichen Selbstdarstellung der Briten verschleierte, aber in der tatsächlichen Ausübung relevante und bedrohliche Einschränkung der Herrschaft in ihrer Tiefe dar.

Der *imperial space* war also im späten 18. Jahrhundert durchaus nicht der einzige Handlungsraum an dem Ort, den die britische Herrschaft erfasste. Es kann davon ausgegangen werden, dass der *imperial space* im Zusammenhang verschiedener Aspekte eines Handlungsraums funktionierte und sich gegenüber anderen politischen Handlungsräumen durchzusetzen begann. Dennoch war dieser Raum nicht nur wegen der außen- und innenpolitischen Angriffe und Widerstände in seiner Stabilität eingeschränkt. Er musste auch gegenüber Räumen des Wissens und des politischen und sozialen Handelns durchgesetzt werden, die die Briten vorgaben, ein- und untergeordnet zu haben, auf die sie aber tatsächlich nur einen geringen Zugriff hatten und deren Unkenntnis ihre Herrschaft beständig unterlief. Die doppelte Funktion des Wissens als erstens präzise Kenntnis im Dienste der Herrschaftsausübung und zweitens als Konstruktion Indiens als einer *imaginative geography* im Sinne Saids bezeichnet genau den inhärenten epistemologischen Widerspruch der britischen Kolonialherrschaft.

6. Dean Mahomets Selbstverortung in *Travels*

*Though I acknowledge myself incapable
of doing justice to the merits of men, whose
happy manners are worthy the imitation of
civilized nations, yet,...*[146]

Im Folgenden soll die Selbstverortung Dean Mahomets in *Travels* zunächst in Bezug auf den *imperial space* und das Projekt des Erwerbs von Landeskenntnissen herausgearbeitet werden, um dann auf Kontexte der Schreib- und Publikationssituation bezogen zu werden. Vorab soll hierfür ein Überblick über narrative Strategien der Selbstverortung in zeitgenössischen und inhaltlich vergleichbaren Reiseberichten gegeben werden. Mit Referenz auf diese soll die spezifische Selbstverortung in *Travels* dargestellt werden. Schwerpunkte dieser Quelleninterpretation sollen die Perspektive von Protagonist und Erzähler als narrative Strategie einer Positionierung sein sowie die darin implizierte, aber auch durch weitere narrative Strategien hergestellte Zugehörigkeit zu und Divergenz von sozialen Räumen der Erzählung. Im abschließenden Kapitel wird die Frage erläutert, inwieweit und auf welche Weise diese literarische Selbstverortung auf den historischen Kontext von *Travels* zu beziehen ist, und welcher Raum hierbei als historischer Kontext aufgefasst werden kann.

Um die narrativen Strategien als solche erfassen zu können, muss in der Interpretation zwischen dem Autor, dem Erzähler und dem Protagonisten unterschieden werden. Autor, Erzähler und Protagonist sind in *Travels* dem Namen nach eine Person. Diese Person markiert den autobiographischen und damit zusammenhängenden authentischen Charakter des Reiseberichts. Es kann daher davon ausgegangen werden, dass Leser den Autor eines solchen Reiseberichtes als mit dem Berich-

---

146 Mahomet 1996, S. 15.

tenden und dem Reisenden identisch annahmen.[147] Da aber Autor, Erzähler und Protagonist in *Travels* auf unterschiedliche Art und Weise fiktionalisiert werden und auch das Verhältnis dieser Personen zueinander Teil der narrativen Strategien ist, muss in der Interpretation zwischen diesen drei Personen unterschieden werden. Es ist hier davon auszugehen, dass auch der Autor eine textuelle Fiktion ist, die eben jene Person bezeichnet, welche die verschiedenen Erzählstimmen und die verschiedenen Textanteile wie Ich-Erzählung, Zitationen und Bildmaterialien zusammenfügt. Im Gegensatz aber zum Erzähler ist der Autor durch seine Nennung im Titel, und in *Travels* auch durch seine Abbildung auf dem Titelblatt, sehr viel enger mit der historischen Person des Verfassers verknüpft, daher kann davon ausgegangen werden, dass die Rezipienten zwischen diesen eine Identität annahmen. Dementsprechend befassen sich in der folgenden Textanalyse die Abschnitte über den Blick und die soziale Zugehörigkeit mit dem Protagonisten und dem Erzähler und der schließende Abschnitt über die erzählten und die historischen Räume mit dem Autor Dean Mahomet.

6.1 Selbstverortung im Reisebericht

An dieser Stelle soll kurz dargestellt werden, auf welche Weise Selbstverortungen in Reiseberichten vorgenommen wurden, die durch zeitliche und inhaltliche Nähe *Travels* vergleichbar sind. Dabei stehen zwei Reiseberichte im Vordergrund: John Henry Groses „Voyages to the East Indies" von 1772, aus dem Dean Mahomet viele deskriptive Passagen übernommen hat,[148] und William Hodges' „Travels in India" von 1793, welcher nicht nur in unmittelbarer zeitlicher Nähe zu *Travels* steht, sondern auch in einer für die vorliegende Interpretation bedeutsamen Passage auffällige inhaltliche Ähnlichkeiten aufweist.[149] Anhand einer kurzen Darstellung der

---

147 Vgl. Korte 1996, S. 17.
148 John Henry Grose, *A Voyage to the East Indies; containing Authentic Accounts of the Mogul Government in general, the Viceroyalties of the Deccan and Bengal, with their several subordinate Dependencies*, London 1772, im folgenden Fließtext: *Voyages*.
149 William Hodges, *Travels in India during the Years 1780-3*, London 1793, im folgenden Fließtext: *Travels in India*.

Selbstverortung in beiden sollen auch relevante Forschungsergebnisse bezüglich der Selbstverortung im Reisebericht wiedergegeben werden.[150]

John Henry Grose begann seine Reise auf dem Indischen Subkontinent 1750 als Schreiber der East India Company.[151] Sein Reisebericht „Voyages to the East Indies" wurde 1757 erstmals publiziert und 1766, 1767 und schließlich 1772 erweitert und neu aufgelegt.[152] *Voyages* ist unterteilt in zwei Bände. Im ersten ist Groses Reiseroute geschildert und an diese sind seine Abhandlungen über die bereisten Regionen – ihre Regierungen, ihre Bevölkerungen und deren Religionen und Brauchtümer, die Landschaften, die Tier- und Pflanzenwelten – angeschlossen, wobei der reisende Protagonist zunehmend in den Hintergrund tritt. Der zweite Band enthält lediglich Abhandlungen über die Regierung der Mughalen und die verschiedenen Religionen, eine Reise wird weiter nicht beschreiben. Auch wird weder Groses weitere Karriere in der East India Company noch seine Rückkehr nach England geschildert. Zu Beginn des Reiseberichts wird der Besuch einer Tempelanlage bei Bombay geschildert, ansonsten erzählt Grose nicht, wie er sich an die Orte, von denen er berichtet, begeben hat. Häufig aber verweist er darauf, dass man ihm das wiedergegebene Wissen zugetragen habe. Die Autorität seiner Aussagen ist also nicht in der Verortung des Protagonisten begründet, sondern vielmehr in seiner eigenen Versicherung der Wahrhaftigkeit seiner Quellen und Informanten. Die Sicht – im Englischen: *view*[153] - ist bezeichnenderweise selten Thema, wenn es um

---

150 Ein weiterer Reisebericht, aus dem Dean Mahomet Passagen kopierte, ist Jemima Kindersley, *Letters from the Island of Teneriffe, Brazil, The Cape of Good Hope, and the East Indies*, London 1777. Vgl. Fisher 1996, S. 227. Da dieser Reisebericht hinsichtlich der bereisten Gegenden sehr viel umfangreicher ist und im Vergleich zu dem Reisebericht Grose' in sehr viel geringerem Maße Vorlage für *Travels* war, wird hier auf einen Vergleich mit Kindersley verzichtet.

151 Vgl. John H. Farrant, Art. „John Henry Grose", in: *Oxford Dictionary of National Biography*, Hg.: H. C. G. Matthew, Bd. 24, Oxford 2004, S. 73-74.

152 Vgl. Fisher 1996, S. 246. Fisher arbeitet mit der Ausgabe von 1766, hier aber wird die Ausgabe von 1772 herangezogen, die umfangreicher ist. Es ist beispielsweise der Ausgabe von 1772 eine Schilderung des Krieges zwischen England und Frankreich sowie des Friedensabkommens von 1763 beigefügt. Es ist nicht mehr nachzuvollziehen, welche Ausgabe Mahomet kannte.

153 Der englische Ausdruck *view* meint sowohl den Blick als auch die Ansicht und ist in dieser Doppeldeutigkeit mit Sicht nur ungenügend ins Deutsche zu übersetzen, bildet aber gerade durch die Doppeldeutigkeit das hier besprochene Thema einer Selbstverortung durch Betrachtung einer Landschaft charakteristisch ab. Zudem wird der englische Ausdruck auch

die Aufenthaltsorte des Protagonisten geht, vielmehr bezeichnet sie den Blick des Erzählers wie auch des Lesers auf die Quellen als zusammenfassenden Überblick: Grose spricht davon, dass er das zusammengetragene Wissen „at one view" präsentieren wolle.[154] *Voyages* entspricht so in weiten Teilen einem wissenschaftlich-observierenden Reisebericht ohne expliziten Subjektbezug. Seine Perspektive auf das beschriebene Land ist im Wesentlichen diejenige des Erzählers, welcher sich vermittels seiner Einschätzungen der politischen Lage und der zivilisatorischen Vergleiche als Reisender im nationalen Interesse der Briten versteht. Dieses nationale Interesse wird nicht nur in Abgrenzung zu den Mughalen und den Marathen, sondern vor allem zu den Portugiesen hergestellt.

Der 1793 publizierte Reisebericht von William Hodges schildert dessen Reisen in Indien in den Jahren 1781 bis 1783.[155] Hodges bereiste als erster britischer Landschaftszeichner den Indischen Subkontinent. Er reiste im Gefolge Warren Hastings, welcher sowohl die Reise als auch die Anfertigung der Zeichnungen förderte.[156] Einige dieser Zeichnungen sind als Drucke dem Reisebericht beigefügt, ebenso eine auf James Rennell zurückgehende Karte Bengalens. Auch enthält der Bericht Schilderungen der bereisten Regionen. Im Gegensatz aber zu Groses *Voyages* sind die Abhandlungen hier im Wesentlichen auf die zivilisatorischen Aspekte des Landes beschränkt. In diesem Zusammenhang spielt das Pittoreske eine zentrale Rolle. Die *picturesque view* ist ein wesentliches Mittel der Verortung des Protagonisten.[157] Die Perspektive seines Blickes auf die Landschaft impliziert sowohl in der Erzählung als auch in den Drucken einen *viewpoint*. Dabei steht der *viewpoint* des Protagonisten mit demjenigen des Erzählers insofern in einem Zusammenhang, als beide sich in räumlicher und diskursiver Distanz zum Dargestellten befinden. Zudem wird durch die Entstehungsgeschichte der Drucke sowie den beschriebenen

---

für Landschaftsbilder und -stiche verwendet, die für den hier behandelten Kontext so charakteristisch sind. Siehe unten, S. 60f.
154 Grose 1772, S. 29.
155 Hodges 1793.
156 Vgl. Giles Tillotson, The *Artificial Empire. The Indian Landscapes of William Hodges*, Richmond 2000, S. 2.
157 Zur *picturesque view* in Literatur und Kunst der Briten über Indien vgl. Nigel Leask, *Curiosity and the Aesthetics of Travel Writing, 1770-1840: ‚From an Antique Land'*, Oxford 2002, S. 157-202. Zum Pittoresken im Zusammenhang mit den geographischen Diskursen und Praktiken vgl. Edney 1997, S. 57-63.

Zugriff auf verschiedene Quellen über das bereiste Land die diskursive Position des Erzählers auch durch die Praxis der Kompilation charakterisiert.

Die Linguistin Lorenza Mondada hat in ihrem Aufsatz „Seeing as Condition of Saying. On the Discursive Construction of Knowledge in Travel Accounts" die visuelle Aktivität in Reiseberichten des 18. und 19. Jahrhunderts untersucht.[158] Sie kommt zu dem Schluss, dass in Reiseberichten das Sehen als eine Aktivität beschrieben wird, durch welche die Figur des Beobachters in Szene gesetzt wird. Dieser wird durch die Inszenierung in einer Klasse von „observers or travellers" verortet.[159] Analog dazu ist der „enunciatory space" ein Raum, den der Beschreibende sich mit anderen „travel writers" teilt.[160] Demnach ist die Verortung über den Blick sowohl als Verortung in oder gegenüber der beobachteten Landschaft zu begreifen als auch als Verortung in dem diskursiven und personellen Feld der Reiseberichte und ihrer Verfasser.[161]

Mit dem Geographie-Anthropologen Matthew Edney ist dieser Blick für den Kontext britischer Reiseberichte über Indien als *imperial gaze* zu präzisieren. Für den *imperial gaze* ist die implizite Verortung über den Blick charakteristisch. Wie Edney ausführt, ist es – im Gegensatz zu den Reiseberichten der Grand Tour, die Mondada beschreibt, – kennzeichnend, dass sich sowohl in der Landschaftsmalerei als auch in den Reiseberichten die Beobachter nicht innerhalb der dargestellten Landschaft verorten, sondern ihr Verhältnis zu dieser durch den distanzierten Blick ausdrücken. Ebenso stellt sich der Reisende, wie der oben beschriebene Geograph, als Autor einer kompilatorischen Arbeit dar, der dadurch eine Position umfassenden Überblicks einnimmt. Durch den *imperial gaze* verortet sich der Reisende unter den *observers and travellers* und der Erzählende in ihrem Wissensdiskurs über das Konstrukt *India*.

---

158 Lorenza Mondada, „Seeing as Condition of Saying. On the Discursive Construction of Knowledge in Travel Accounts" (übertragen von Iain L. Fraser), in: Hagen-Schulz-Forberg (Hg.), *Unravelling Civilisation. European Travel and Travel Writing* (= Multiple Europes, Bd. 30), Brüssel (u.a.) 2005, S. 63-85.
159 Ebd., S. 85.
160 Ebd., S. 81.
161 Vgl. ebd., S. 83-85.

6.2 Selbstverortung in *Travels*

Wie eben dargelegt, ist eine der wesentlichen narrativen Strategien der Selbstverortung im Reisebericht die implizite und explizite Verortung durch die Schilderung des Blickes. Dementsprechend wird im Folgenden zunächst der Blick Dean Mahomets herausgearbeitet. Auf diesen bezogen soll gefragt werden, in welchem Verhältnis der Blick des Protagonisten und die Perspektive des Erzählers zueinander stehen. Aufbauend auf den Beobachtungen zum Blick soll die Selbstverortung in sozialen und diskursiven Räumen beschrieben werden, die durch die pronominalen Bezeichnungen, durch Zuordnung und Zugang zu diesen Räumen vollzogen wird.

6.2.1 Überblick und Einblick

„We continued on the march near a month, and when we came within thirty miles of Monghere, a small antique house, built on a rock in the middle of an island, in the Ganges, attracted our notice: we halted towards the close of the evening, at some distance from it: the next day, Mr Baker, Mr Besnard, and the other Gentlemen, made a hunting match: I accompanied them: and about noon, after the diversion was over, we turned our horses towards the water side, and taking a nearer view of this solitary little mansion, resolved on crossing the river. We gave our horses in charge to the sahies or servants, who have always the care of them, and passed over to the island in one of the fishing boats that ply here."[162]

Diese im Verlauf des Reiseberichts erste Schilderung eines Blickes des Protagonisten Dean Mahomets auf eine landschaftliche Szenerie führt zwei für die Narration des Blickes charakteristische Themen ein. Erstens verbindet sie die Erzählung des Blickes mit der Erzählung von sozialer Zugehörigkeit. Dean Mahomet, der zu diesem Zeitpunkt keine bestimmte Position in der militärischen Hierarchie einnimmt, sondern sich implizit immer in der Nähe Bakers befindet, wird hier auf eine Ebene mit Baker und den anderen Offizieren gehoben. Eine Verortung, die innerhalb der militärischen Hierarchie unmöglich wäre – der höchste den Indern zugängliche Rang war der des Unteroffiziers – wird ermöglicht, indem Dean Mahomet eine gemeinsame Blickhöhe und Perspektive mit den Offizieren zugeschrieben wird. Der Nachsatz, dass die indischen Diener die Pferde versorgen, während die Offi-

---

162 Mahomet 1996, S. 29.

ziere und Dean Mahomet sich der Insel nähern, unterstreicht die soziale Distinktion, die in dieser Szene markiert wird. Michael Fisher kommt in seiner Textanalyse zu dem Schluss, dass *Travels* die soziale Distinktion Dean Mahomets von den *sepoys* wiedergebe und daher Rückschluss zulasse auf die Motivation, welche Teile der indischen Eliten dazu bewegte, mit den Briten zu kooperieren.[163] Ohne dieser Beobachtung grundsätzlich widersprechen zu wollen, zeigt hier der Blick in den Text doch, dass Dean Mahomet seine Distinktion von den *sepoys* narrativ nicht durch Rückbezug auf seine soziale Herkunft, sondern durch Assoziation mit den englischen Offizieren begründet.

Zweitens wird der Zusammenhang des Erblickten mit den im orientalistischen Diskurs artikulierten Interessen offenkundig. Das Anwesen, auf welches Dean Mahomet und die Offiziere blicken, ist das antike Haus eines *faquirs* auf einer Insel des Ganges.[164] Dies sind Elemente der zur Antike stilisierten Vergangenheit und der indischen Religionen, welchen das Interesse früher orientalistischer Forschungen galt. Die Einordnung einer Epoche als indischer Antike, die mit der römischen und griechischen Antike zu vergleichen sei, bestimmte das wissenschaftliche Vorgehen und die diskursiv übergeordnete Position orientalistischer Forschungen. Die Wiederherstellung und Bewahrung dieser antiken Hochkultur rechtfertigte vermeintlich die entstehende Kolonialherrschaft der Briten, zumal sie mit der Kompilation tradierter Rechtstexte einherging, denen die eigentliche ursprüngliche rechtliche Verfassung des indischen Staatswesens zu entnehmen ist. Die britische Herrschaft impliziert somit eine Position, die Epochen und Zivilisationen überblickt, in der kompilatorischen Arbeit den Zugriff und in der Analyse den Vergleich ermöglicht. Dem darin implizierten Blick schließen sich Dean Mahomet und die Offiziere hier an, zumal sie sich im weiteren Verlauf der Szene in der Wohnstatt des *faquirs* umsehen und diese untersuchen:

---

163 Fisher 1996, S. 5.
164 Obwohl Dean Mahomets Schreibweise *faquir* weder der arabischen Bezeichnung, die mit *fakir* oder *faqir* transkribiert wird, noch der später im Englischen üblichen Form *fakir* entspricht, wird hier die Schreibweise der Quelle wiedergegeben. Vgl. die Transkription in Mann 2000, S. 421 und die Etymologie des englischsprachigen Ausdrucks in: „Fakir", in: *A Comprehensive Etymological Dictionary of the English Language*, Bd. 1, Hg.: Ernest Klein, London (u.a.) 1966, S. 571. Durch die Orientierung an der Schreibweise der Quelle soll darauf verwiesen werden, in welchem Maße zur Zeit der Publikation von *Travels* nicht nur die Schreibweisen, sondern auch die Bedeutungen von Begriffen aus den Sprachen des Indischen Subkontinents im Prozess der Übertragung in die englische Sprache begriffen waren.

„We went with him into his dwelling, which was one of the neatest I have ever seen;[…[At certain hours in the day, he stretched in a listless manner on the skin of some wild animal, not unlike a lion's, enjoying the pleasure of reading some favourite author. […] When we spent a little time in observing every thing curious inside his residence, he presented us some mangoes and other agreeable fruit […]."[165]

Die großzügige Gastfreundschaft des *faquirs* eröffnet ihnen den Zugang und den Einblick in seine Lebensverhältnisse. Die anschließende Schilderung der Lebensverhältnisse des *faquirs*, beispielsweise seines Tagesablaufs und seines ökonomischen Verhältnisses zur Nachbarschaft, geht allerdings weit über das hinaus, was bei einem kurzen Besuch auf diese Weise beobachtet werden kann. Auch hier werden zwei im weiteren Verlauf des Reiseberichts grundlegende Themen angedeutet. Erstens ist der Einblick gebunden an einen ausdrücklich erzählten Zugang zu einem Raum. Und zweitens ist der Blick auf die Wohnstatt des *faquirs* die narrative Begründung für ein Wissen, welches über das in dieser Szene angeeignete hinausgeht. Der erzählte Blick des Protagonisten und seine darin implizite Verortung begründen also ein umfassenderes Wissen des Erzählers. Dies gilt sowohl für Szenen des Überblicks wie des Einblicks, die hier anhand zweier hervorstechender Beispiele nacheinander erläutert werden sollen.

Überblick

Die Szenen des Überblicks in *Travels* sind häufig im Vokabular zeitgenössischer pittoresker Landschaftsdarstellungen gehalten. Sie vollziehen dadurch einen Anschluss an den zeitgenössischen Reisebericht und die britische Perspektive auf die Länder des Indischen Subkontinents. Auch werden sie immer von einer Position aus beschrieben, die Dean Mahomet gemeinsam mit der Bengal Army eingenommen oder vielmehr erobert hat.[166] Herausragend aus all diesen Szenen ist die Schilderung der Einnahme der Festung Gwalior und darauffolgender Eroberungen im dreißigsten Brief, also zum Ende des Reiseberichts hin.[167]

Die Festung Gwalior, die wegen ihrer Lage auf einem steilen Felsen zunächst als uneinnehmbar gilt, ist der Rückzugsort der Marathen, mit welchen die Brigade

---

165 Mahomet 1996, S. 30.
166 Vgl. ebd., S. 30f, S. 61, S. 89, S. 91, S. 101.
167 Vgl. ebd., S. 89-91.

Dean Mahomets sich in einem andauernden Konflikt befindet.[168] Mit Hilfe einer List gelingt es der Bengal Army, in der Nacht die steilen Felsen zu erklimmen und die Marathen zu überwältigen. Die Schilderung der ehrfurchteinflößenden Erhabenheit der Festung zu Beginn der Szene bezeugt die später beschriebene militärische Leistung der Briten:

> „The greatness of the undertaking, reflects the highest honour on the Officers and men employed in it; and proves the general opinion that there is no difficulty so arduous which may not be subdued, by the resolution and perseverance of a British soldier."[169]

Von dieser britischen Überlegenheit erschrocken und sie als göttlichen Eingriff deutend, fliehen die Marathen auch aus ihren umliegenden Festungen. Diese Flucht ermöglicht es Dean Mahomet, vom ebenfalls verlassenen kaiserlichen Palast Akbars aus die umliegende Landschaft anzusehen:

> „From one of the appartments of the Imperial palace, built by Akbar, within the fort, I looked down, and beheld, as it were, from the clouds, the town, four hundred feet below me: such an awful scene forms a subject for the pencil of the most sublime artist."[170]

Diese Szene beschließt die Passage über die Eroberungen der Marathenfestungen. Die Attribute *awful* und *sublime*, mit denen ebenfalls der Anblick der Festung Gwalior zu Beginn beschrieben wurde, bilden den deskriptiven Rahmen dieser Passage und erzeugen einen signifikativen Zusammenhang beider Festungen, der zugleich die Erzählung an die Diskurse der Pittoresken anschließt.[171] Die Größe der militärischen Eroberung überträgt sich metonymisch auf die nebenliegenden Festungen. Dean Mahomet tritt, indem er diese Festungen betritt, als Teilhaber der militärischen Überlegenheit der Bengal Army auf. Diese Überlegenheit ist keine marginale, handelt es sich bei den Marathen doch um die damals mächtigste Territorialmacht auf dem Indischen Subkontinent und somit den ersten militärischen und politischen Gegner der Briten. Die Übernahme des kaiserlichen Palastes ist zudem ein symbolischer Akt der Herrschaftsaneignung. Akbar galt als der Begründer des poli-

---

168 Die Marathen, ein Herrschaftsverband aus dem Westen des Subkontinents, zählten zu den mächtigsten politischen und militärischen Gegnern der East India Company. Vgl. Michael Mann, *Geschichte Indiens vom 18. bis 21. Jahrhundert*, Paderborn (u.a.) 2005, S. 33-42.
169 Mahomet 1996, S. 89.
170 Ebd.
171 Vgl. bezüglich Charakteristika des Pittoresken Edney 1997, S. 59f.

tischen Systems der Mughalherrschaft und auch als mächtigster der Mughalherrscher. Obgleich die Mughalen an effektiver Herrschaft im 18. Jahrhundert zusehends verloren, nahm ihre symbolische Anerkennung als Ursprung rechtmäßiger Herrschaft zu.[172] Die Verortung in Akbars Palast ist eine Verortung am Ursprung legitimer politischer Macht, die einen Überblick über das beherrschte Land ermöglicht und impliziert.

Die Übersicht als Verortung in einem Raum der politischen Herrschaft findet sich hier in ihrer prägnantesten Darstellung. Zugleich nimmt der Protagonist Dean Mahomet durch die Blickhöhe von umgerechnet 200 Metern eine Perspektive weitestgehenden Überblicks ein – er nähert sich quasi der Perspektive des Zeichners und Betrachters der Landschaftskarten an. Hier wird erneut die Perspektive des Erzählers durch die Verortung des Protagonisten begründet. Die Blickhöhe des Protagonisten Dean Mahomet nähert sich an jene Perspektive an, die der Erzähler Dean Mahomet einnimmt, wenn er in *Travels* die Raumanordnung der Militärlager und Städte, die Distanzen zwischen den wichtigsten Städten Nordindiens und die Längen- und Breitengrade wiedergibt. Diese ist die Perspektive, welche der kartographischen Landschaftsdarstellung inhärent ist und welche charakteristisch ist für den zeitgenössischen kolonialen Raumdiskurs. Dieser wiederum ist durch seine implizite Subjektposition gekennzeichnet, die über dem Beschriebenen gelagert ist und dieses ein- und unterzuordnen weiß.[173] Sie hängt insofern mit dem Anspruch legitimer Macht zusammen, als die Briten eine zivilisationsübergreifende Perspektive für sich in Anspruch nahmen und daher behaupten konnten, ihre Herrschaft bedeute eine Wiederherstellung vergangener und legitimer Herrschaftsverhältnisse.

Wie in der Darstellung der Lebensverhältnisse des *faquirs* wird hier Dean Mahomets Kenntnisstand begründet und auf analoge Weise die Perspektive und Sprechposition des Erzählers in der Verortung des Protagonisten narrativ begründet. Dabei ist es auffällig, wie die Darstellung der Perspektive – des Überblicks – eine narrative Strategie ist, um erstens Kenntnisse zu begründen, die weit über das geschilderte Geschehen hinausgehen, und zweitens sowohl über die Positionierung als auch über das damit erlangte Wissen eine soziale Verortung vorzunehmen. Insofern ist auch hier Mondadas Beobachtung zutreffend, dass das *seeing* zugleich das

---

172 Vgl. Mann 2005, S. 33-42.
173 Vgl. Edney 1997, S. 63f.

saying wie auch die Verortung in der sozialen Klasse der *observers and travellers* bedingt. Wie sehr sich Dean Mahomet von dieser aber auch unterscheidet, soll im Folgenden der Vergleich der eben besprochenen Szene mit einer Passage aus Hodges' Bericht zeigen.

Die Passage in *Travels* über die Eroberung der Festung Gwalior gleicht in weiten Teilen jener aus Hodges' *Travels in India*. Im Vergleich dieser beiden Passagen wie auch ihres narrativen Kontextes wird deutlich, in welchem besonderen Maße Dean Mahomet seine Erzählperspektive explizit macht. William Hodges, der die Festung Gwalior im Jahr 1783, also vier Jahre nach ihrer Eroberung durch die Bengal Army, besucht, zitiert nach eigenen Angaben aus einem Brief des Übersetzers Major Pophams, der wesentlich an der Eroberung beteiligt war, deren Verlauf.[174] Diesem zitierten Brief gleicht die Passage in *Travels* sowohl in der Reihenfolge der Ereignisse als auch in der Erwähnung nebensächlicher Details, doch bis auf wenige Sätze sind die Formulierungen einander nur ähnlich, nicht aber gleich gestaltet.[175] Hodges integriert die zitierten Passagen in eine historische Darstellung der Festung Gwalior und der politischen Bedeutung ihrer Einnahme durch die Briten, die in der strategisch günstigen Position der Festung und in der Demonstration militärischer Überlegenheit der Briten liege. Zudem fügt er einen Stich der Festung bei, welcher diese von der Seite zeigt, von der aus die Briten sie eroberten. Die Passage beschließt Hodges mit einem Dank an jene Briten, welche einen Frieden mit den Marathen in der Gegend um Gwalior bewirken konnten.[176] Obwohl also die beiden Passagen sich in ihrer Narration und ihrer politischen Bewertung ähneln, konstituieren sie doch zwei deutlich unterscheidbare Sprechpositionen. Hodges kompiliert als Erzähler die Informationen und Quellen des Reiseberichts, aber er bleibt als Protagonist dem Ort des Geschehens fern. Sein Landschaftsbild – der Reisebericht enthält eine von Hodges gestochene „view of the fort of Gwalior"[177] – zeigt die Festung Gwalior aus weiter Ferne, und es besteht daher keinerlei Bezug

---

174 Vgl. Hodges 1793, S. 140f.
175 Es ist ohne weiteres nicht festzustellen, aus welcher Quelle Dean Mahomet diese Schilderung bezogen hat. Hodges' Reisebericht ist im Jahr 1793 erschienen und somit besteht die Möglichkeit, dass Dean Mahomet diesen vor Fertigstellung seines Reiseberichtes gelesen hat. Michael Fisher äußert sich nicht zu dieser Ähnlichkeit, obwohl er Hodges' Reisebericht als Vergleichstext anführt.
176 Vgl. Hodges 1793, S. 139-143.
177 Ebd., S. 142.

zwischen der Lage der Festung und der Verortung des reisenden Hodges. Wie auch schon in anderen Passagen gibt er das Wissen anderer wieder, ohne sich in deren Position zu begeben oder sich nachträglich an jenen Plätzen zu verorten, von denen er erzählt. Die Perspektive des Erzählers wird nur insofern durch die Verortung des Protagonisten begründet, als das zusammengetragene Wissen im Verlauf der Erzählung jeweils an den Aufenthaltsort des Protagonisten auf seiner Reiseroute gebunden ist. Sie steht jedoch nicht, wie im Falle Dean Mahomets, im Zusammenhang mit einer ausführlichen Begehung dieser Räume. Hodges' Sprechposition zeichnet sich durch die Kompilation verschiedener Informationsquellen aus, sein Zugang zu diesen Quellen ergibt sich durch seine Verbindungen zu anderen Briten, welche ihm jene – wie auch den Brief – zur Verfügung stellen. Daraus ergibt sich der Überblick seiner Sprechposition. Sie ergibt sich aber nicht durch eine explizite Verortung in jenem Herrschaftsraum, über den Dean Mahomet sich durch den Blick von der Festung Akbars hinab einen Überblick zuschreibt.

Wir sehen im Vergleich also deutlich, dass *imperial gaze* und *enunciatory space* eine Gemeinsamkeit beider Texte ausmachen, dass aber in *Travels* eine Aneignung des Blickes und des damit verbundenen Raumes expliziter als bei Hodges erzählt wird. Daraus ist zu schließen, dass die Aneignung einer diskursiven und sozialen Position im Text Dean Mahomets Teil der narrativen Strategien zur Konstitution seiner erzählten Person ist. Diese Beobachtung könnte bereits dadurch erklärt werden, dass Dean Mahomet aufgrund seiner Herkunft diese Position weniger selbstverständlich als Hodges einnehmen kann, dass er ihre Aneignung aus Gründen der Glaubwürdigkeit begründen muss. Die folgenden Beobachtungen am Text aber sollen zeigen, dass die narrativen Strategien in *Travels* durchaus komplexer sind.

Einblick

Der einunddreißigste Brief erzählt, wie Baker befördert wird und die Gelegenheit nutzt, Dean Mahomet zum *market-master* zu befördern, seine erste explizite Stellung in den Hierarchien der Bengal Army und funktionell eine wichtige Schaltstelle zwischen Armee und *bazaar*, also auch zwischen den europäischen und den indigenen Angehörigen des Militärs.[178] Unmittelbar darauf erfolgt eine erneute Beförderung

---

178 Vgl. Raymon Callahan, *The East India Company and Army Reform, 1783*-1798 (= Harvard Historical Monographs, Bd. 67), Cambridge 1972, S. 12.

Bakers und durch dessen Empfehlung ebenfalls eine Versetzung Dean Mahomets in den Rang eines *jemidars*, eines Unteroffiziers.[179] In den folgenden Briefen werden ausschließlich militärische Unternehmungen geschildert, im Gegensatz zu den vorherigen Briefen, in welchen narrative und deskriptive Passagen sich abwechseln. Am Ende dieser Unternehmungen steht ein Aufstand der Landbevölkerung gegen die Herrschaft und den Steuereinzug der Briten.[180] Erneut ist es die militärische Entschlossenheit der Bengal Army, in der Dean Mahomet als *jemidar* nun explizit mitwirkt, welche die *natives* letzten Endes zu besiegen vermag und wieder Ruhe und *public tranquility* herstellt.[181] Diese Rechtfertigung des Herrschaftsanspruchs der Briten wird aber kontrastiert durch das ebenfalls ausgedrückte Bedauern der vielen Kriegstoten.

„After this commotion, the country became quiet, and no future disturbances were heard of, at least, in this quarter.

The refractory were awed into submission by the terror of our arms; yet humanity must lament the loss of those whom wasting war had suddenly swept away."[182]

Das anschließende Gedicht betrauert nicht nur den Verlust von Menschenleben, sondern auch die zerrissenen Bande zwischen den Menschen und die Vernichtung ganzer Reiche.[183] Dem gegenüber steht die gleich darauffolgende Passage:

„Near Jouanpour is a spacious chapel much frequented by the Mahometans, under which is a subterraneous cavern extending a considerable length of way. It is a fort or arsenal, and serves as an asylum for the natives in time of war, as the entrance to it, is only known to themselves. When peace was restored to this distracted country, we returned to Chunargur."[184]

Diese ist die einzige Stelle in *Travels*, an der von einem Einblick in Verhältnisse die Rede ist, welche im Untergrund des Landes liegen und welche also von einer Position des Überblicks aus weder erfasst noch erahnt werden können. Dieser Einblick steht im deutlichen Gegensatz zum Überblick, welcher immer mit der Einnahme eines Ortes, der politische Herrschaft markiert, einhergeht. Daran, dass Dean

---

179 Vgl. Mahomet 1996, S. 92f.
180 Vgl. ebd., S. 99-101.
181 Ebd., S. 100.
182 Ebd.
183 Vgl. ebd.
184 Ebd., S. 101.

Mahomet hier seine Kenntnisse eines untergründigen Raumes wiedergibt, wird deutlich, dass seine Landeskenntnisse über die durch die herrschaftliche Perspektive erschlossenen hinausgehen. Diese Passage und mit ihr die gesamte Erzählung über das militärische Leben Dean Mahomets und Bakers schließt mit der Wiederherstellung des Landesfriedens und ist somit eine Rechtfertigung derjenigen Herrschaft, die sich durch ihren Überblick und ihr überblickartiges Wissen auszeichnet. Dean Mahomet allerdings hält durch die Erwähnung eines untergründigen Asyls diesem wiederhergestellten Frieden Verhältnisse entgegen, die der Herrschaft der Briten vorgängig waren und deren Blicken entgehen. Das Ideal einer vollständigen Erfassung des kolonialen Herrschaftsraums steht hier den tatsächlichen Einschränkungen der Kenntnisanreicherung entgegen, die gerade aus der übergeordneten Position des Betrachters resultieren. Dean Mahomet verweist hier auf einen kritischen Punkt des Herrschaftsprojekts, wodurch die damit verbundene Darstellung seiner Person an Bedeutung gewinnt. Es zeigt sich hier deutlich, dass die narrativen Strategien, mit denen er seine eigene Person darstellt, sich nicht in der Aneignung eines Überblicks und der damit verbundenen diskursiven und sozialen Verortung im *imperial space* der Briten erschöpfen. Diese Strategien enthalten auch die Narration einer Abweichung, eines Zusatzes. Sie sollen im Folgenden eingehender erläutert werden.

Dean Mahomet selbst ist als Protagonist nicht in dem untergründigen Raum verortet – im Gegensatz zu den Positionen des Überblicks, die er als Protagonist einnimmt. Der hier dargelegte Einblick des Erzählers ist durch einen Zugang zu Kenntnissen aufgrund der Herkunft des Protagonisten begründet. Diese Herkunft wurde bereits in einer Passage zu Beginn des Reiseberichts erwähnt und dargelegt. Diese Passage zeigt, dass auch die Herkunft nicht als ein Gegebenes dargestellt, sondern als Teil der Erzählung ausgestaltet wird.

Kurze Zeit nach seinem Eintritt in die Bengal Army begegnet Dean Mahomet in Calcutta einem Verwandten, der ihn bittet, an der Beschneidungszeremonie seines Sohnes teilzunehmen, was nur Muslimen erlaubt ist. An die Darstellung dieser Zeremonie schließen sich verschiedene allgemein gehaltene Darstellungen anderer religiöser Zeremonien an sowie eine explizite Korrektur des europäischen Verständnisses des Propheten Mohammed und seiner Bedeutung für die muslimischen

Gläubigen.[185] Wiederum werden die Kenntnisse des Erzählers über die muslimische Bevölkerung zunächst in der Verortung des Protagonisten begründet, um dann im weiteren Verlauf sowohl dieses Abschnitts als auch des Reiseberichts von dieser losgelöst erzählt zu werden. So zeigt sich, dass auch Kenntnisse, die dem Erzähler Dean Mahomet durch seine Herkunft verfügbar sind, in der Erzählung des Reiseberichts durch eine Verortung, nämlich den Zugang des Protagonisten begründet werden. Verortung und Zugang können somit zusammenfassend als narrative Strategien zur Darstellung der eigenen Person gelten.

Überblick und Einblick

Der umfassende Zugang Dean Mahomets zu Positionen sowohl des Überblicks als auch des Einblicks in die Verhältnisse des Landes und der politischen Verhältnisse zwischen den verschiedenen Kriegsparteien begründet einen Umfang des Blicks des Erzählers, welcher über denjenigen der britischen Armee und ihrer Kartographen weit hinausgeht. Tatsächlich war es den Briten oftmals nicht möglich, weit in unbekannte Regionen vorzudringen, und so nahmen sie ihre *surveys* häufig von vergleichsweise gesicherten Straßen oder Wasserwegen aus vor. Von dort aus versuchten sie, von der ansässigen Bevölkerung Informationen über das Hinterland zu erlangen: Die Linien der Wege finden in der Abstraktion der Karten ihr vermeintlich akkurates Abbild, aber der Zugriff der Briten auf das Wissen von dort aus blieb immer eingeschränkt.[186] Die deutliche Markierung der Herrschaftsperspektive als Überblick verleiht der Darstellung des Einblicks die Bedeutung eines sowohl abweichenden wie auch ergänzenden Blicks. Als Erzähler führt Dean Mahomet explizit die Oberflächlichkeit der britischen Herrschaftsperspektive vor. Und er verweist mit dieser Darstellung genau auf jenen problematischen Punkt des kolonialherrschaftlichen Diskurses der Briten über den Indischen Subkontinent, an dem die Legitimation der Herrschaft durch die übergeordnete Perspektive und ihre Konsolidierung durch den Einblick in das Land zum inhärenten Widerspruch der frühen Kolonialherrschaft werden. Dean Mahomet hat Einblick in die Räume, in welchen die Herrschaft der Briten nicht stattfindet. Und seine Schilderung der Religiösität

---

185 Vgl. ebd., S. 41-49.
186 Vgl. Edney 1997, S. 44.

der *natives* sowie ihres Bezuges zur Vergangenheit markiert auch deutlich die Begrenzung dieses Herrschaftsraums:

> „Amidst a variety of extravagant customs, strange ceremonies, and prejudices, we may discover the traces of sublime morality, deep philosophy, and refined policy; but when we attempt to trace the religious and civil institutions to their source, we find that it is lost in the maze of antiquity."[187]

Zunächst gibt der Erzähler hier die Wertung der orientalistischen Wissenschaften wieder und übernimmt ihre Perspektive, indem er die Zeremonien der Hindus als seltsam und irrational, aber dennoch in einer hochkulturellen Vergangenheit begründet bezeichnet. Sein Schluss aber, diese liege in einem *maze of antiquity* verborgen, zeigt der orientalistischen Wissenschaft eine Grenze auf, die diese zu überwinden suchte. So wird hier erneut der Zugriff auf Wissen metaphorisch als Zugang zu einem Raum und als dessen Durchdringung dargestellt. Zugleich steht das Labyrinth als räumliche Metapher für ein nicht mehr zu erlangendes Wissen dem von Edney beschriebenen Archiv der orientalistischen Wissenschaft kontrastiv gegenüber. Während das Archiv eine durchdringende Ordnung und eine umfassende Verfügbarkeit von Wissen bedeutet, steht das Labyrinth für einen Ort, der dem ordnenden Blick des *observing travellers* entzogen ist und sich daher nicht als *imaginative geography* anbietet. In dieser Passage wird der ordnende Blick, den Spuren der antiken Hochkultur folgend, bis in ein Labyrinth geführt, wo er sich verlieren muss, weil er auf etwas grundsätzlich und strukturell Anderes trifft. Bhabha hat herausgearbeitet, wie der koloniale Diskurs kulturelle Differenz zugleich behauptet, um koloniale Hierarchien herzustellen, und leugnet, um das Andere als vollständig begreifbar aufzufassen.[188] Hier wird nun genau die Unbegreiflichkeit eines Gegenstandes, der grundsätzlich anders gestaltet ist als die europäischen Wissensformationen, dargestellt. Indem Dean Mahomet mit seiner Äußerung diese beiden epistemischen Gegensätze umfasst, verortet er sich als Aussagesubjekt im den kulturellen Dichotomien übergelagerten *third space of enunciation*. Als Erzähler ist Dean Mahomet nicht an die gegebenen kulturellen Orte gebunden, sondern kann sich in einem diese durchkreuzenden Raum verorten. Indem er wiederum als Autor die Position und das Wissen des Aussagesubjektes lesbar und verfügbar macht, wird

---

187 Ebd., S. 60.
188 Vgl. oben S. 19.

aber die epistemologische Unbegreiflichkeit, in der sich der Blick verliert, durch den Text arretiert und zumindest als solche entzifferbar gemacht. Die Erwähnung eines unterirdischen Asyls, die Schilderung muslimischer Zeremonien und das Verständnis für hinduistische Religiosität hat durch die Verbindung von Wissen und Räumen nicht nur den Wert einer faktischen, ethnographischen Information. Sie dient auch zur Markierung des Zugangs und der daraus hervorgehenden Sprechposition des Erzählers. Diese ist durch zweierlei gekennzeichnet und soll hier zusammengefasst und mit Verweis auf die Bedeutung des Vergleichs für die Sprechposition Dean Mahomets abschließend erläutert werden.

Erstens nimmt seine Sprechposition an den europäischen Raumdiskursen und der darin impliziten Subjektposition teil. Dies wird deutlich in der häufigen Erwähnung von Längen- und Breitengraden, den Distanzangaben, die für die damalige beginnende kartographische Erschließung von größter Bedeutung waren, und in der überblicksartigen Angabe von Raumanordnung.[189] Wie oben dargelegt findet hiermit eine Verortung des Erzählers im Herrschaftsraum der Briten statt, und zwar an einer dem zu beherrschenden Land übergeordneten Position, welche das Beobachtete ein- und somit unterzuordnen weiß.

Zweitens aber wird dieser Position eine Ergänzung beigefügt, welche die Verortung des Erzählers wiederum von der britischen Herrschaftsposition abrückt. Die Einsicht in die Verhältnisse Indiens geht von einer Position aus, die durch den Einblick von derjenigen des Überblicks abweicht ist. Befindet sich der Protagonist durch seine konkrete Bewegung noch in einer Reihe von Verortungen, so kann dies nicht auf den Erzähler übertragen werden, der durch seine konkrete Verortung in der Schreibsituation aus den divergierenden Verortungen und Perspektiven des Protagonisten eine diskursive Aussageposition bezieht. Der *enunciatory space* Dean Mahomets ist dabei wie oben gezeigt nicht deckungsgleich mit jenem der Klasse der *observers and travellers*. Dean Mahomet befindet sich aber auch nicht – wie Fisher darlegt – in einer Reihung verschiedener kultureller und somit propositionaler Verortungen, sondern seine Subjektposition entspricht den präfigurierten kulturellen Räumen mit den Worten Bhabhas *almost, but not quite*.

---

189 Vgl. ebd., S. 16, S. 23, S. 27, S. 28, S. 32f., S. 37, S. 39, S. 57, S. 61, S. 63, S. 71, S. 74, S. 76, S. 77, S. 78, S. 96f., S. 101, S. 105 und S. 107. Wie Edney ausführt, sind die Angaben von Distanz und Himmelsrichtung charakteristisch für den britischen Reisebericht der Zeit, auch wenn dieser nicht wissenschaftlich ausgerichtet ist. Vgl. Edney 1997, S. 92.

Wie eine solche diskursive Sprechposition durch den expliziten Vergleich Indiens mit Europa, genauer gesagt Großbritannien, welcher den Reisebericht durchzieht, begründet wird, soll im Folgenden gezeigt werden.[190] Dies sind erstens Vergleiche, die zur Übersetzung und Erläuterung indischer Begriffe dienen, zweitens Vergleiche über die historischen Epochen hinweg – von der Schöpfungsgeschichte bis in die Gegenwart – und drittens wertende Vergleiche wie zwischen den indischen Tempeltänzerinnen und den europäischen Prostituierten oder zwischen den architektonischen Künsten beider Zivilisationen. Obwohl der Vergleich der Zivilisationen in historischer Perspektive den zeitgenössischen wissenschaftlichen Diskurs prägte, kann die Sprechposition des Erzählers nicht mit der diesen Diskurs bestimmenden subjektiven Position gleichgesetzt werden. Denn durch den hier erläuterten gleichzeitigen Ein- und Überblick gehen Dean Mahomets Kenntnisse erstens über die der Briten hinaus. Und zweitens wird mit dieser wechselhaften Perspektive eine Sprechposition eingenommen, die von der im orientalistischen Diskurs konstituierten abweicht. Während die Subjektposition des britischen Wissensdiskurses über den Indischen Subkontinent als übergeordnete in einem hierdurch zugleich hergestellten *imperial space* aufgefasst werden kann, stellt die wechselnde Perspektive Dean Mahomets diesen Raum als alleinige Referenz für die subjektive Verortung in Frage. Seine Kenntnis von Räumen, die dem herrschenden Blick im *imperial space* verborgen bleiben, ermöglicht ihm eine vergleichende Perspektive, welche auch den *imperial space* selbst zu einem Teil des Vergleichs und nicht zu dessen diskursiven Rahmen macht. Die Aneignung der im britischen Wissensdiskurs hergestellten subjektiven Sprechposition und die gleichzeitige Abweichung von ihr lässt auf die Herstellung einer weiteren Sprechposition und einer damit einhergehenden Herstellung eines weiteren diskursiven Raumes schließen. Wird dieser Raum mit Homi Bhabha als *third space* aufgefasst, so wird deutlich, in welchem Spannungsverhältnis diese diskursive Position sich zu den im Kolonialdiskurs disparat angeordneten Kulturen befindet. Die Differenz zum Diskurs des *imperial space* und zu der darin angenommenen Subjektposition ist zugleich eine Aneignung und Wiederholung von dessen Signifikanz. Diese Wiederholung aber ent-

---

190 Vgl. Mahomet 1996, S. 18, S. 20, S. 27, S. 28, S. 43, S. 50, S. 57, S. 62, S. 70, S. 85, S. 86, S. 88, S. 89, S. 102 und S. 105f. In zahlreichen anderen Passagen ist eine solche vergleichende Perspektive impliziert, aber nicht durch Begriffe des Vergleichs gekennzeichnet.

lehnt und hybridisiert die Bedeutung dieser Subjektposition und kann deswegen nicht innerhalb des diskursiven Raumes stattfinden, welcher sie bedingt. An diesem Punkt ist von einer Übertragung des eigentlich linguistisch aufgefassten *third space* auf die inhaltliche Ebene der kolonialen Diskurse auszugehen. Die Verortung des aussagenden Subjekts in einem den dichotomen kulturellen Räumen seiner Aussage übergeordneten *third space of enunciation* wird somit zu einer propositionalen Verortung des Erzählers durch seine ambivalente Sprechposition, die nicht den kulturellen Räumen, die er beschreibt, zuzuordnen ist. Während, wie Mondada ausführt, die Sprechposition europäischer Reisender eine Verortung im mit anderen Reisenden geteilten *space of enunciation* darstellt, wird in *Travels* eine Verortung hinsichtlich der Sprechposition vollzogen, welche nicht oder nur teilweise in diesem gemeinsamen Raum liegt. Das Konzept des *third space* ist daher geeignet, diese sich zwischen Zugehörigkeit und Divergenz bewegende Subjektposition zu verorten, ohne auf die Dichotomien des kolonialen Diskurses zurückzugreifen. Es dürfte hier deutlich geworden sein, dass diese Beobachtung nur zu machen ist, wenn zwischen dem Protagonisten und dem Erzähler Dean Mahomet unterschieden wird. Durch die fluktuierende Verortung des Protagonisten im kolonialen Raum entstehen im Text verschiedenartige Räume – der *imperial space*, das untergründige Asyl, das Labyrinth – die wiederum die Aussageposition des Erzählers begründen. Der Zusammenhang zwischen der diskursiven Verortung und der Verortung in verschiedenen dargestellten Gruppen wie beispielsweise den Briten, den Iren, den Indern oder Muslimen soll im Folgenden erläutert werden.

6.2.2 Zugehörigkeit und Divergenz
We & They

Zunächst einmal ist es naheliegend, die Verwendung der Pronomen *we* und *they* zu betrachten, um Zugehörigkeit und Divergenz Dean Mahomets zu verschiedenen sozialen Gruppen zu erschließen. Mit *we* bezeichnet Dean Mahomet im Verlauf des Reiseberichts verschiedene Gruppen und Zusammenhänge, und diese vielfältige Selbstverortung ist in ihren Grundzügen bereits im ersten Brief von *Travels* angelegt. In diesem legt Dean Mahomet dar, was er im Folgenden beschreiben möchte und wie er dazu von seinem Adressaten und Förderer William A. Bailie angehalten wurde.

„Since my arrival in this country, I find you have been very anxious to be made acquainted with the early part of my Life, and the History of my Travels: I shall be happy to gratify you; and must ingenuosly confess, when I first came to Ireland, I found the face of every thing about me so contrasted to those *striking scenes* in India, which we are wont to survey with a kind of sublime delight, that I felt some timid inclination, even in the consciousness of incapacity, to describe the manners of my countrymen, who, I am proud to think, have still more of the innocence of our ancestors, than some of the boasting philosophers of Europe."

Und einige Zeilen weiter unten:

„Possessed of all that is enviable in life, we are still more happy in the exercise of benevolence and goodwill to each other, devoid of every species of fraud or low cunning."[191]

Erstens also zählt sich Dean Mahomet zu jenen, die ihren Blick auf die indische Szenerie werfen. Obwohl dieses *we* nicht eindeutig den Briten oder den Indern zuzuordnen ist, lässt die Umschreibung des Blicks mit den zwei für die Landschaftsbetrachtung der Briten charakteristischen Begriffen *survey* und *sublime* doch auf einen Anteil an deren Perspektive und somit eine Zugehörigkeit zu ihnen schließen. Zweitens meint *our* Inder und Europäer gemeinsam, und zwar im Sinne des einen Ursprungs der Menschheit. Drittens meint *we* ebenso wie *my countrymen* die Inder. Hier wird nicht nur in wenigen Sätzen eine vielfache Zugehörigkeit entworfen, welche sowohl auf die Biographie des Autors als auch auf seine zivilisationsübergreifende und historische Erzählperspektive verweist. Auch wird das Thema der Zugehörigkeit durch diese dreifache pronominale Nennung auf seine für *Travels* charakteristische Weise entworfen. Denn die Zugehörigkeit zu diesen drei Gruppen ist jeweils unterschiedlich begründet. Es handelt sich bei der Zugehörigkeit zur Menschheit um eine Zugehörigkeit ohne Ausschluss. Die Zugehörigkeit zu den Indern ist eine mit der Herkunft gegebene und die Zugehörigkeit zum *we* des Überblicks ist eine erlangte. Deutlich wird also, dass Gruppenzugehörigkeit auf verschiedene Art und Weise hergestellt wird. Zugehörigkeit ist vielgestaltig und jede einzelne beinhaltet eine entsprechende Perspektive und ist an ihr entsprechende

---

191   Ebd., S. 15.

Aussageinhalte geknüpft. Wenn aber in der Folge des Reiseberichts das *we* kein einziges weiteres Mal die *natives of India* bezeichnet, sondern diese immer in der Distanz des *they* bezeichnet werden, wird deutlich, dass es in *Travels* im Wesentlichen um jene Gruppenzugehörigkeit geht, die erlangt und auch hergestellt wird. Es wird also an dieser Betrachtung deutlich, dass auch die pronominal ausgedrückte Selbstverortung sich nicht allein auf präfigurierte kulturelle Orte bezieht. Sie ist vielmehr ein dynamischer Prozess, der durch Aneignung und Zugang zu sozialen und kulturellen Räumen deren Abgegrenztheit, deren *fixity* in den Worten Bhabhas, ebenso einem Prozess der Aushandlung unterwirft.

Entgegen der Strukturierung sozialer Zugehörigkeit in der kolonialen Situation, schreibt Dean Mahomet sich also nicht nur eine einzige soziale und kulturelle Zugehörigkeit zu. Vielmehr geht er in der Darstellung seiner Zugehörigkeit zu sozialen Gruppen immer auch auf Distanz zu diesen. So spricht er, obwohl er selbst nur aufgrund seiner muslimischen Herkunft an den Beschneidungsritualen teilnehmen kann, von den Teilnehmern der Zeremonie in der Distanz des *they*.[192] Ebenso ist seine Verortung im kolonialen Diskurs der Briten relativiert durch seine im Vorwort und im ersten Brief vollzogene Distanzierung in der Bescheidenheitsbekundung, er sei aufgrund seiner Herkunft nicht zu einem literarischen Werk in der Lage, welches vom europäischen „cultivated genius" gekennzeichnet sei.[193]. Diese Beobachtung schließt an die oben dargestellte Verortung des Erzählers durch den Vergleich und die Übersetzung an.

Vor diesem Hintergrund bekommen Dean Mahomets Verortungen in Räumen, welche nicht durch eine zivilisatorische und räumliche Dichotomisierung im kolonialen Diskurs geprägt sind, besondere Signalwirkung. Während beispielsweise in der Schreibsituation Hodges' die diskursive und die räumliche Verortung zusammenfallen, werden in *Travels* Räume für die Selbstverortung relevant, die diese Kongruenz nicht aufweisen. Wie oben bereits erwähnt, ist die Bengal Army ein solcher sozialer Raum, zu dem Dean Mahomet sich durch die häufige und vor allem ungebrochene Bezeichnung *we* als zugehörig beschreibt. Im Gegensatz zu seiner Zugehörigkeit zur anglo-irischen Elite in Irland, zu den Muslimen in Indien, den *natives* und den *orientals*, ist diese Zugehörigkeit durch keine relativierende Distanz

---

192 Ebd., S. 42ff.
193 Ebd., S. 10.

im *they* gebrochen. Da Dean Mahomet sich aber durchaus vom herrschaftlichen Projekt der Briten, welches die Bengal Army verfolgt, distanziert, ist auch diese nicht als endgültige Selbstverortung zu verstehen. Zugehörigkeit und Distanz kennzeichnen im gesamten Text die soziale Position Dean Mahomets. Dies ist ein Anzeichen dafür, dass es in *Travels* nicht nur um die Herstellung von Zugehörigkeit geht, sondern auch um die Herstellung von Räumen, welche von den kulturell präfigurierten Räumen abweichen.[194] In diesem hergestellten Raum, der durch die Gleichzeitigkeit von Zugehörigkeit und Distanz, durch die Nähe als soziale Verbindung und durch das *almost, but not quite* kultureller Identifikation gekennzeichnet ist, entspricht die Person Dean Mahomet wegen ihres Lebenswegs den räumlichen Strukturen, die es wiederum ermöglichen, die Ressourcen seiner Person weitestgehend auszuschöpfen. Diese Strukturen aber sind keine gegebenen, sondern entstehen, indem Dean Mahomet sich in den präfigurierten Räumen verortet und somit seinen *third space* schafft. Wie diese Verortung erzählt wird, soll im Folgenden erläutert werden.

Zuordnung

Im vierten Brief wird geschildert, wie Dean Mahomet sich aus dem sozialen Kontext seiner Geburt löst und für den endgültigen Eintritt in die Bengal Army entscheidet. Nachdem seine Mutter ihn im Militärlager besucht und vergeblich um seine Rückkehr zu ihr gebeten hat, wird Dean Mahomet mit besonderer Aufmerksamkeit der Offiziere bedacht und erstmals seinem Regiment gemäß gekleidet.

> „I was extremely affected at her presence; yet my deep sense of gratitude to a sincere friend conquered my duty to an affectionate parent. […] seeing my resolution fixed as fate, she dragged herself away, and returned home in a state of mind beyond my power to describe. Mr. Baker was much affected, and with his brother Officers, endeavoured

---

194 Für diese Betonung von Räumen jenseits der kulturellen Dichotomie spricht zudem die weitere Verwendung des Pronomens *we* im Sinne der Menschheit mit ihren gemeinsamen Vorfahren. Dieser Blick auf den gemeinsamen Ursprung von Indern und Europäern markiert nicht nur die für den historisch vergleichenden Wissenschaftsdiskurs der Briten charakteristische Sprechposition, sondern verweist zudem eben auf eine weitere Gruppe, die die kulturell präfigurierten Räume unterläuft. Letztere befinden sich dadurch umrahmt von anders gearteten Räumen, die sie unterlaufen oder überlagern. Vorgängig ist diesen das *we*, welches sich auf den gemeinsamen Ursprung von Indern und Europäern bezieht. Übergeordnet ist diesen das *we*, das auf den sozialen Raum der Bengal Army, Dean Mahomets Augenhöhe mit und seine Nähe zu den britischen Offizieren Bezug nimmt.

to find amusement for me. I was taken out, every morning, to see the different military evolutions of the men in the field, and on such occasions, I was clad myself in suitable regimentals."[195]

Nachdem Mahomets Mutter seinen Bruder mit einem Geldgeschenk in das Militärlager geschickt hat, um ihren Sohn zur Rückkehr zu bewegen, besucht dieser sie, um ihr das Geld zurückzugeben, wobei er in einem Palankin Bakers getragen wird.

„Having given his people the necessary directions to conduct me to her, he provided for me his own palankeen, on which I was borne by his domestics. When I arrived at my mother's, I offered her the four hundred rupees given me by my disinterested friend to present to her; but could not, with all my persuasion, prevail on her to receive them, unil I told her she should never see me again, if she refused this generous donation. Thus, by working on her fears, I, at length, gained my point, and assured her that I would embrace every opportunity of coming to see her: after taking my leave of her, I returned on the palankeen to the camp."[197]

Deutlich wird hier die soziale Ablösung von der Herkunft – seine Familie wird in diesem Brief letztmalig erwähnt – durch eine Verortung im Palankin Bakers inszeniert. Zugleich ist aber der Palankin ein zumindest in der orientalistischen Wahrnehmung charakteristisches Gefährt und wird vom Erzähler auch mit entsprechenden Attributen versehen. Diese verweisen laut Dean Mahomet auf den hohen Stand seines Besitzers.[198] So wird der Rang Bakers, eines Anglo-Iren, gekennzeichnet durch ein Element des „Orients", und dieser Rang wiederum verortet auch Dean Mahomet in der kolonialen Szenerie. Bezeichnenderweise durchkreuzen sich die Elemente kultureller Dichotomie, welche Zugehörigkeit und Divergenz Dean Mahomets charakterisieren, in einem Moment, in dem Dean Mahomet sich von einem sozialen Kontext löst und in einen anderen begibt.

Eine Szene im sechsten Brief zeigt deutlich den Zusammenhang der Sprechposition mit der sozialen Verortung nach Zugehörigkeit und Divergenz auf.

„It happened at the same time, that they [benachbarte Dorfbewohner, welche das Militärlager plündern, A.d.A.] entered a store tent, next to Mr Baker's marquee, where I lay on a palankeen, a kind of travelling canopy-bed, resembling a camp bed, the upper

---

195   Ebd., S. 22.
196   Ein Palankin ist ein einer Sänfte vergleichbares Transportmittel.
197   Ebd.
198   Weiter unten im Text, im siebzehnten Brief, wird der Palankin erneut als Transportmittel der „people of consequence" bezeichnet. Vgl. ebd., S. 58.

part was arched over with curved bamboo, and embellished with rich furniture, the top was hung with beautiful tassels and adorned with gay trappings; and the sides, head, and foot were decorated with valuable silver ornaments. In short, it was elegantly finished, and worth, at least six hundred rupees; for which reason, such vehicles are seldom kept but by people of condition. Every palankeen is attended by eight servants, four of whom, alternately, carry it, much in the same manner as our sedan chairs are carried in this country."[199]

Erneut wird ein Vergleich vorgenommen, der zur Übersetzung und Erläuterung des Gegenstandes dient. Auffällig an dieser Szene ist die gleichzeitig vorgenommene Verortung von Protagonist und Erzähler. Erstens schreibt Dean Mahomet sich hier erstmals innerhalb von *Travels* einen Aufenthaltsort innerhalb des Militärlagers, dessen Raumanordnung und der damit einhergehenden sozialen Differenz, die er immer genau wiedergibt, zu. Und zweitens markiert er durch die Formulierung „our sedan chairs" und „this country" sowohl eine soziale Zugehörigkeit als auch seine Verortung bezüglich der Schreibsituation. Dean Mahomet aber befindet sich an keinem der von ihm vorgezeichneten Orte und ist somit auch keiner der mit ihnen verbundenen sozialen Gruppen zugehörig. Er verortet sich nicht im Lager der indigenen Militärangehörigen, aber auch seine Verortung im Lager der Briten lässt nicht auf eine Zugehörigkeit zu dieser Gruppe schließen. Vielmehr befindet er sich in der Nähe Bakers, und zwar an einem Ort, der ihm durch dessen Patronage zugänglich ist und welcher auf den Rang seines Patrons verweist. Dabei ist die Nähe nicht nur als Annäherung an eine Zugehörigkeit, sondern auch als explizite Divergenz aufzufassen. Dean Mahomet nimmt hier eine Selbstverortung vor, die weder auf Zugehörigkeit noch auf Ausschluss verweist. Innerhalb eines Militärlagers, dessen Raumaufteilung sowohl die Unterscheidung zwischen britischen und indischen Militärangehörigen als auch die Rangunterschiede innnerhalb dieser zwei Gruppen manifestiert, ist seine Selbstverortung, die auf keine derartige Zugehörigkeit verweist, nur durch ihre Gleichzeitigkeit von Zugehörigkeit und Divergenz zu begreifen, die in der Präfiguration des Militärlagers als sozialem Raum nicht vorgesehen ist. Einerseits beschreibt Dean Mahomet einen sozialen Raum, der Zugehörigkeit manifestiert, andererseits verortet er sich in diesem nur durch die Nähe beziehungsweise über metonymische Zuordnung. In Bezug auf die Figuration dieses

---

[199] Ebd., S. 27.

sozialen Raumes wird somit deutlich, dass Dean Mahomet für seine Selbstverortung eine abweichende soziale Raumstruktur und eine abweichende räumliche Signifikanz behauptet. So eröffnet sich durch die Erzählung über die eigene Person ein fiktionaler, ein imaginativer Raum, der sich von den als gegeben gekennzeichneten Räumen durch eine eigene Struktur auszeichnet: Verortung geschieht nicht im Modus der Identifikation, sondern durch metonymische Zuordnung, durch Nähe. Deutlich wird aber auch, dass dieser Raum nicht in der Abstraktion beschrieben wird, nicht durch Beobachtung von außen, sondern anhand der Verortung des Protagonisten.

Auch in der hier zitierten Szene steht die Verortung des Protagonisten im Zusammenhang mit der Verortung des Erzählers. Wie im vorherigen Kapitel bereits dargelegt, ist der Erzähler in seiner konkret-räumlichen Verortung an einen Ort der Schreibsituation gebunden, erhält aber durch die diversen Verortungen des Protagonisten und durch seinen umfassenden und auch divergierenden Blick eine spezifische *diskursive* Position. Beide, die konkret-räumliche und die diskursive Verortung, werden nun hier vollzogen. In dem Hinweis „this country" verortet er nicht nur seine Schreibsituation, sondern kennzeichnet auch, in welchem Maße die Schreibsituation seine Perspektive auf das beschriebene Land bestimmt. Denn während Irland das Nahe ist, muss Indien das Ferne sein. Dies wird zudem unterstrichen durch die Formulierung „our sedan chairs". Der Vergleich, der hier zugleich eine Übersetzung und Erläuterung des Beschriebenen ist, wird von einer Verortung in der irischen Kultur aus ausgeführt. Dennoch ist durch das vergleichende Wissen eben die diskursive Verortung des Erzählers nicht mit jener in der Schreibsituation gleichzusetzen. Seine kulturellen und sprachlichen Kenntnisse verleihen ihm eine diskursive Position, die sich weder auf der einen noch auf der anderen Seite der kolonialen Dichotomie verorten lässt. Sie ist gekennzeichnet durch die Nähe zu den Briten sowie durch die fast vollständige Verortung in Irland und dem kulturellen Raum der Briten einschließlich ihrer Perspektive. Zugleich ist sie gekennzeichnet durch die Abweichung von dieser Position in dem Einblick in die Verhältnisse in Indien, welcher explizit durch eine divergierende Gruppenzugehörigkeit begründet ist. Das *almost, but not quite*, mit welchem bereits Dean Mahomets Verhältnis zu der Klasse der *observers and travellers* bezeichnet wurde, wird hier erneut deutlich. Es ist nicht die Identifikation mit Baker, sondern die Nähe zu ihm, die

Dean Mahomets soziale Verortung bestimmt. Und es ist nicht die Verortung in zunächst der einen und dann der anderen Kultur, sondern die Konstruktion eines Raumes, der diese durchkreuzt und in dem sich die Subjektposition des Erzählers Dean Mahomets findet. Die Perspektive und die Verortung Dean Mahomets umfassen nicht nur Überblick und Einblick. Sie sind auch dadurch gekennzeichnet, dass sie immer Elemente des jeweils anderen enthalten: Zuordnung und zugleich Distanz. Dean Mahomet aber beschreibt als Erzähler diese dichotomen kulturellen Elemente und macht sie somit zu Gegenständen seines Diskurses. Er erschafft sich so eine Sprechposition, die dieser Dichotomie übergelagert ist und sie durchkreuzt. Wie Bhabha schreibt, ist „cultural difference the process of enunciation of culture as knowledge*able*."[200] Dieser Aussageprozess produziert nach Bhabha aber nicht nur wirkungsmächtige signifikative Felder, sondern auch die diskursive Position, die er als *third space* konzeptualisiert. Dabei können wir hier beobachten, wie mit *third space* eben nicht nur innersprachliche Mechanismen zu bezeichnen sind, sondern dass diese eine Analogie in den Räumen der Erzählung, konkret in der Sprechposition Dean Mahomets finden. So kann die oben für den Protagonisten Dean Mahomet getroffene Beobachtung auf den Erzähler übertragen werden: Durch die Darstellung seiner eigenen Person erschafft er imaginativ einen Raum, der nicht durch Identifikation strukturiert ist, sondern durch eine Form der Zuordnung, die zugleich auch eine Divergenz beinhaltet.

Die Spezifik dieser diskursiven Position wird erneut im Vergleich mit den Reiseberichten Hodges' und Groses deutlich. Wie oben bereits dargelegt, ist das Wissen des Erzählers in Hodges' *Travels in India* nicht durch eine Verortung in der beschriebenen Landschaft oder im beschriebenen Gebäude, sondern durch eine in der Sicht (*view*) implizierten Position diesen gegenüber begründet. Dadurch erhalten die durchaus ähnlichen kulturellen Vergleiche und Übersetzungen eine andere Konnotation. Auch Hodges referiert vergleichend auf „this country" und verortet seine Schreibsituation und zugleich seine diskursive Position im kulturellen Raum Englands.[201] Dadurch aber, dass jegliches Wissen als ihm zugetragen gekennzeichnet wird, er also dem Ideal eines kompilatorischen Reiseberichts, wie James Rennell es einforderte, nahe kommt, stimmen die konkret-räumliche Verortung in der

---

200 Bhabha 1994, S. 34. Hervorhebung im Original.
201 Vgl. Hodges 1793, S. 69.

Schreibsituation und die diskursive Verortung insofern überein, als er keinerlei Teilhabe an denjenigen anderen, beschriebenen Räumen beansprucht, von denen er Kenntnisse wiedergibt. Sein in Edneys Worten *imperial gaze* geht von einer weitgehenden Verfügbarkeit der indischen Räume aus. Der Umfang von Hodges' Blick markiert den Umfang des *imperial space*, der sich die anderen Räume Indiens ein- und unterzuordnen vermag. Sein Reisebericht ist somit Teil jenes diskursiven Vorgehens, welches Cohn als „invasion of an epistemological space" beschreibt: Die umdeutende und aneignende Integration indischen Wissens in den Diskurs, welcher die wissenschaftliche Herrschaft der Briten darstellt.[202] Hodges' Blick verweist auf eben jene Subjektposition, die den *imperial space* überblickt und behauptet, ohne sich explizit verorten zu müssen.

Ähnliches lässt sich auch für Groses Reisebericht feststellen. Sowohl in denjenigen Passagen, die Dean Mahomet fast wörtlich in *Travels* kopiert hat, als auch in der Abhandlung ähnlicher Themen wird deutlich, wie unterschiedlich Dean Mahomet und John Grose den Zugang zu dem wiedergegebenen Wissen darstellen, wie anders geartet dementsprechend die Verortung in der kolonialen Situation erfolgt. Dies sei an zwei Beispielen näher erläutert.

Zugang

Michael Fisher hat in seinen Forschungen die analogen Passagen in *Travels* und in *Voyages* verglichen und ist zu dem Ergebnis gekommen, dass Dean Mahomet zwar die Beschreibungen im Wesentlichen übernimmt, aber eine andere Bewertung formuliert.[203] Dem ist anhand eines Beispiels hinzuzufügen, dass auch Dean Mahomets subjektive Verortung in seinem deskriptiven Diskurs anders gelagert ist. Grose schreibt über die Praxis des *champing*:

> „But the practice of champing, which by the best intelligence I could gather is derived from the Chinese, may not be unworthy particularizing, as it is so little known to the modern Europeans;[...]."[204]

Dean Mahomet dagegen schreibt diesbezüglich:

---

202 Vgl. Cohn 1985, S. 283.
203 Vgl. Fisher 1996, S. 227-233.
204 Grose 1772, S. 113. *Champing* ist eine frühere anglisierte Form von *shampooing*. Vgl. zur Herkunft dieses Wortes oben S. 15, Fußnote 11.

„but the practice of champing, which is derived from the Chinese, appears to have been known to the ancients, from the following quotations."[205]

Entscheidend ist hier nicht nur die divergierende Bewertung dieser Praxis im weiteren Verlauf des Textes, sondern auch die von Dean Mahomet ausgelassene Formulierung „by the best intelligence I could gather". Diese Formulierung, die in Groses Reisebericht eine Distanz zum Beschriebenen markiert, fehlt in *Travels*. Sie ist charakteristisch für das Selbstverständnis eines britischen Reisenden, welcher sich die Quellen zugänglich macht und gleichzeitig eine Distanz zu diesen hält. Dean Mahomet dagegen beschreibt wie oben dargelegt sein Wissen als durch Zugang und durch Zugehörigkeit erlangt. Eine Distanz seiner Herkunft gegenüber nimmt er lediglich dann ein, wenn zugleich eine Zugehörigkeit zu dieser formuliert wird oder bereits wurde. Der auffallend komplexe Bezug von Zugang und Distanz in *Travels* unterscheidet den Text von den hier ebenfalls angeführten Reiseberichten.

Im fünften Kapitel seines Reiseberichts beschreibt John Grose die Bombay benachbarten Inseln. Auf einer dieser Inseln befindet sich eine antike Tempelanlage, die sich durch eine Höhle hindurchgehend bis in den Untergrund ausweitet. Ausführlich diskutiert Grose die einmalige Schönheit der Architektur und der Ornamente und deren rätselhafte Zugehörigkeit zu einer der antiken Zivilisationen. Er verweist auf den unbekannten Ursprung der Tempelanlage und schlägt eine Methode vor, diesen zu ergründen. Seinen Zugang beschreibt er wie folgt:

> „Returning to the foot of the hill, you ascend an easy slat, which about half way up the hill brings you to the opening or portal of a large cavern hewn out of the solid rock, into a magnificent temple [...] There is a fair entrance into this subterraneous temple, which is an oblong square, in length about eighty or ninety foot, by forty broad."[206]

Dies ist in *Voyages* die einzige Schilderung eines unterirdischen Raumes und so vergleichbar der ebenfalls einzigen Beschreibung eines unterirdischen Tempelraumes in *Travels*. Indem Grose seine ästhetischen und historischen Überlegungen an seine eigenen Beobachtungen im Tempel knüpft, verortet er sich als Protagonisten – ähnlich wie Dean Mahomet in *Travels* – in diesem und begründet somit den Diskurs des Erzählers. Dies ist innerhalb des Reiseberichts Groses selbst allerdings eine fast einmalige narrative Strategie angesichts des zunehmenden Verschwindens subjekti-

---

205 Mahomet 1996, S. 80.
206 Grose 1772, S. 59.

ver Narration. Auffälliger Unterschied jedoch zu *Travels* ist, dass Grose den Zugang zu diesem Raum nicht problematisiert – es handelt sich um einen „fair entrance" – und den Eintritt in diesen auch nicht aus der Ich-Perspektive schildert: „you ascend an easy slat". Offenkundig ist der Zugang auch nicht an eine kulturelle Zugehörigkeit gebunden.[207] Grose setzt die Schilderung eines unterirdischen Raumes in seiner Erzählung grundsätzlich anders ein, als Dean Mahomet dies tut. Er begreift sich als Reisenden vor allem den Briten zugehörig, welche – im Gegensatz zu den Portugiesen – ein angemessenes Verständnis der Indischen Antike aufbrächten. Sein Zutritt zu diesem Raum ist Teil des britischen Herrschaftsprojekts, welches sich die Räume des Indischen Subkontinents durch zivilisatorische Überlegenheit zu erschließen und sie zu einem *imperial space* zu vereinen versucht.[208] Dean Mahomet dagegen verweist mit seiner Schilderung eines unterirdischen Raumes auf die Vielfalt der Räume, die durchaus nicht Teile des *imperial space* sind, seien es konkreträumliche wie die unterirdische Höhle, oder metaphorisch-diskursive wie das Labyrinth der Antike. Während Grose die Wissensräume Indiens als grundsätzlich offen für den forschenden Blick der Briten beschreibt und Hodges den Zugang zu diesen Räumen in seiner Erzählung durch die implizite Subjektposition narrativ übergeht, markiert Dean Mahomet den Zugang zu den vielfältigen von ihm beschriebenen Räumen als durch soziale Zugehörigkeit gegeben. Soziale und kulturelle Zugehörigkeit sind somit Teil narrativer Strategien und können nicht allein als dem Text vorgängig aufgefasst werden.

Neben der Herstellung sozialer Räume ist der Zugang zu diesen also ein weiteres grundlegendes Thema in *Travels*. Auch dieses wird schon im ersten Brief aufgegriffen:

---

207 Dies gilt auch für die Schilderungen unterirdischer oder in Felsen eingebauter Tempel in anderen britischen Reiseberichten und Zeichnungen. Vgl. Leask 2002, S. 172 und Edney 1997, S. 72.

208 Auffällig ist hier auch der Unterschied zwischen Grose und Hodges, welcher die Entwicklung der Kolonialherrschaft kennzeichnet. Zwischen der Erstausgabe von Groses Reisebericht 1766 beziehungsweise dessen zweiter, ergänzter Auflage von 1772 und dem Erscheinen von Hodges' Reisebericht liegt die Zeit der frühen Kolonialherrschaft. Die Annahme, der Indischen Subkontinent liege dem forschenden Blick der Briten offen, ist noch nicht durch die in ihrem Kenntnismangel krisenhafte Kolonialherrschaft widerlegt. Die sich nicht explizit beschreibende Subjektposition von Hodges' Reisendem dagegen verweist schon auf die epistemologische Behauptung eines umfassenden Blickes, welche die Unkenntnis der Details übergeht.

„you will do me the justice to believe, that the gratification of your wishes, is the *principal* incitement that engages me to undertake a work of this nature: the earnest entreaties of some friends, and the liberal encouragement of others, to whom I express my acknowledgements, I allow, are *secondary* motives."[209]

Dean Mahomets Eintritt in den literarischen Diskurs ist somit durch vielfältige Aufforderungen seitens derjenigen initiiert, die er im Vorwort als Repräsentanten eines europäischen „cultivated genius" beschrieben hat.[210] Das Verfassen des Reiseberichts folgt einer doppelten, wechselseitigen Anregung: einerseits geht es auf die Wünsche des Adressaten zurück, also einer Einladung zur Teilhabe an diesem Diskurs. Andererseits sind die Wünsche des Adressaten ausgelöst durch die Besonderheit und Fremdheit des früheren Lebens Dean Mahomets.[211] Ähnliches gilt für seinen Eintritt in die Bengal Army. Angezogen vom Auftreten der europäischen Offiziere, begibt der elfjährige Dean Mahomet sich zum Palast, in dem diese ihren Tee einnehmen. Da die Wachen vor dem Palast sich seines Vaters als eines respektablen Armeeoffiziers erinnern, lassen sie ihn eintreten, woraufhin er erstmals und aus allen anderen hervorstechend Mr Baker sieht.[212] Bei einem der nächsten Besuche, diesmal auf dem Tenniscourt der Briten, wird Mr Baker auf ihn aufmerksam:

„He at last, took particular notice of me, observing that I surveyed him with a kind of secret satisfaction; and in a friendly manner, asked me how I would like living with the Europeans: this unexpected encouragement, as it flattered my hopes beyond expression, occasioned a very sudden reply: I therefore told him with eager joy, how happy he could make me, by taking me with him. He seemed very much pleased with me, and assuring me of his future kindness, hoped I would merit it."[213]

Dean Mahomets Eintritt in die Bengal Army wird also einerseits ermöglicht durch seinen Vater und andererseits durch Bakers Aufforderung. Dieser Zusammenhang, die Analogie des Eintritts in den Diskurs und in den sozialen Raum der Europäer, zeigt deutlich, dass der Verweis auf den Adressaten als Initiator des Reiseberichts über die genreübliche Bescheidenheitsbekundung hinausgeht. Der Zugang also zu zwei wesentlichen Räumen des Reiseberichts, dem diskursiven der Reiseerzählung nach europäischem Muster und dem sozialen der Bengal Army, erfolgt jeweils, weil

---

209 Mahomet 1996, S. 15. Hervorhebungen im Original.
210 Ebd., S. 10.
211 Vgl. ebd., S. 15.
212 Vgl. ebd., S. 18.
213 Ebd., S. 19.

Dean Mahomet aufgrund seiner Eigenart ein besonderes Verhältnis zu beiden hat und weil aus diesen Räumen heraus die Aufforderung zum Zugang ergeht. Was ihn von den Europäern unterscheidet ist zugleich, was ihn für ihre Räume interessant macht. Die Initiative ist beider- und wechselseitig und sie ist ein wesentliches Element der narrativen Strategien, die über den Text hinausweisen. Denn die aufgezeigte Analogie ist an Stellen des Textes zu beobachten, die die gegenwärtige Situation des Autors begründen. Die soziale Beziehung, die Freundschaft, hat noch immer Bestand und sich vom Verhältnis zu Baker auf dessen soziales Umfeld, mindestens auf den Adressaten der Briefe, ausgeweitet. Das Verfassen der Briefe ist somit eine Wiederholung und Bestärkung des Eintritts in einen sozialen und diskursiven Raum, der allerdings nicht nur durch die Fokussierung auf seine Grenzen, welche die Schilderung des Übergangs impliziert, sondern auch durch die oben geschilderte Komplexität von Ein- und Überblick, Zugehörigkeit und Divergenz bereits wieder von der Subjektposition Dean Mahomets durchkreuzt wird.

6.3 Erzählte Räume und historischer Kontext

Welche also sind die Räume, auf die Dean Mahomet sich in *Travels* bezieht? Die Briefe beginnen mit einem Verweis auf die Ankunft Dean Mahomets in Irland[214] und schließen mit seiner Ankunft in Dartmouth, England.[215] Dieser Bezug auf den anglo-irischen Kontext zu Beginn und zum Ende der Briefe als Rahmenhandlung der Reiseerzählung ist ein wesentlicher Anhaltspunkt für die historische Verortung der Quelle. Die Erzählung der Reisen in Indien wird so eingerahmt durch den Verweis auf den geographisch und kulturell entfernten Raum Großbritannien. Zugleich wird durch die Schilderung der Ankunft und durch die oben bereits beschriebene Darstellung der Schreibsituation deutlich, dass über diese Ferne hinweg soziale Räume transferiert werden, was an weiteren Textbeispielen erläutert werden soll.

Die Reise von Indien nach England wird auf einem dänischen Schiff vorgenommen. Diese Maßnahme bot sich aus finanziellen Gründen an, weil auf englischen Schiffen ein Pfand für die Mitnahme indischer Bediensteter verlangt wur-

---

214 Der erste Brief von *Travels* beginnt mit den Worten „Dear Sir, since my arrival in this country, [...].", Ebd., S. 9.
215 Vgl. ebd., S. 11 und S. 110.

de.[216] Hier markiert Dean Mahomet zunächst deutlich seine Fremdheit, indem er auf seinen Status als indischer Bediensteter anspielt. Nachdem die Reisenden einen fürchterlichen Sturm überstanden haben, landen sie auf St. Helena:

> „Fair weather providentially succeeding this violent tornado, we reached St Helena in a week, and met with the Fox English Indiaman, which received some damage by touching on a rock at some distance from the shore. There were also lying here at anchor, three more Indiamen, in one of which was Governor Hastings' Lady on her return to Europe, and in another the remains of that great and gallant Officer, Sir Eyre Coote. Having laid in a supply of fresh provisions and water, and proceeded on our voyage, we arrived at Darmouth in England in September 1784."[217]

Exemplarisch vollzieht sich hier jener Modus der Nähe, der in der gesamten Erzählung Dean Mahomets Verortung in sozialen Räumen charakterisiert. Sir Eyre Coote war nicht nur Oberbefehlshaber in der Bengal Army, sondern auch Patron Godfrey E. Bakers. Durch die Nähe findet hier erneut eine soziale Verortung statt. Und indem Repräsentanten des sozialen Netzwerks und seines Selbstverständnisses als kolonialer Elite miteinander reisen, wird dieser soziale Raum der Verortung zugleich von Indien nach England transferiert. Dies ist auf zweierlei Weise als textuelle Strategie aufzufassen: Erstens wird der im Text erzählte soziale Raum Dean Mahomets, der sich durch die Nähe und die Gleichzeitigkeit von Zugehörigkeit und Divergenz auszeichnet, deutlich als ein Raum gekennzeichnet, der mit der Person Dean Mahomets verbunden ist.[218] Zweitens stellt er eine Verbindung her zwischen dem Raum der Erzählung und dem Raum des Schreibens, auf den die Reise nach Irland hinausläuft.

Im Verweis auf den Förderer und Initiator des Reiseberichts, William Bailie, sowie in der Aufzählung der Subskribenten, die beide dem eigentlichen Bericht vo-

---

216 Dieses Pfand wurde zurückgezahlt, wenn die Bediensteten eine Rückreise nach Indien antraten. So wollte die East India Company verhindern, dass Indien-Rückkehrer ihre Bediensteten lediglich für die Rückreise einstellten, um sie in den Hafenstädten Großbritanniens aus dem Dienst zu entlassen. Vgl. oben, S. 36. Es war allgemein bekannt, dass durch die Reise auf einem dänischen Schiff die Hinterlegung eines Pfandes für indischen Bediensteten umgangen werden konnte.
217 Ebd., S. 110. Der Ortsname lautet richtig Dartmouth. Mahomets Schreibweise ist in der Wiederauflage von Fisher mit Hinweis auf die korrekte Schreibweise übernommen.
218 Die Zuspitzung dieser Beobachtung in der Überarbeitung meiner Analyse verdanke ich dem Band *Räume des Selbst. Selbstzeugnisforschung transkulturell* und darin besonders dem Aufsatz von Gabriele Jancke und Sebastian Gwiklinski. Vgl. FN oben Jancke / Gwilinski 2007.

rausgehen, wurde dieser soziale Raum erstmals aufgerufen. Der zweifache Verweis auf die Ankunft Dean Mahomets rahmt den Bericht der Reise ein, sodass dieser narrativ auf den Raum der Ankunft hinausläuft. Dieser allerdings ist zwar geographisch und kulturell ein fremder, in sozialer Hinsicht aber stellt er eine Kontinuität dar, die auch zwischen der erzählten Geschichte und der Schreibsituation besteht. Schon in seiner Anzeige zur Publikation von *Travels* beschreibt er sein Buchprojekt wie folgt:

> „To which is added, an accurate Account of the Wars in India, at which the Author has been present; with a list of the Europeans killed and wounded in the different Engagements. / The Authenticity of this Work can be certified by a great number of Gentlemen of the first distinction in these Kingdoms, who had been in India at the time."[219]

Hiermit appelliert er an jenes soziale Netzwerk, das sowohl in der Bengal Army wie auch in Cork bestand. Indem er im weiteren Text ankündigt, die Namen der Unterstützer seines Buches als „patrons" darin abzudrucken,[220] eröffnet er seinen Text als einen Raum, in dem sich die sozialen Beziehungen der anglo-irischen Elite abspielen. Er bildet diese nicht nur ab, sondern schafft zugleich einen aus dem Text weisenden Bezug auf sein Personennetzwerk. In diesem verortet er sich durch eine ihm eigene Form der Zugehörigkeit. Dean Mahomet schreibt sich dadurch eine Sprechposition zu, die innerhalb dieser persönlichen Verbindungen Geltung beansprucht. Und Dean Mahomet war sich der Bedeutung dieser Netzwerke und ihrer Möglichkeiten, ihn zu unterstützen, bewusst. Der Verlauf seines weiteren Lebens lässt erkennen, dass er, der immer wieder in materielle Not geriet, sich wieder an sie wandte und sich erfolgreich um Patronage bemühte.

Somit kann der soziale Raum als ein referentieller Raum der Erzählung verstanden werden. Er wird charakterisiert durch persönliche Verbindungen, die Patronage-Clientage-Verbindungen, in welche auch Dean Mahomet eingebunden wird:

> „He [Mr Baker] seemed very much pleased with me, and assuring me of his future kindness, hoped I would merit it. Major Herd was in company with him at the same time: and both these Gentlemen appeared with distinguished eclat in the first assemblies in India."[221]

---

219 Zitiert in Fisher 1996, S. 214f.
220 Ebd.
221 Mahomet 1996, S. 19.

Diese Aufnahme in die Entourage Bakers zu Beginn von *Travels* weist auf die sozialen Verhältnisse, in denen sich Dean Mahomet in seiner Zeit in der Bengal Army und später in Irland befand. Sie zeigt ihn sowohl handelnd, auf Baker zugehend, wie auch von Baker gesucht. Dadurch wird auch dargelegt, dass sein Verhalten eine Konsequenz hat; seine Handlungen sind von Bedeutung für die Gestaltung seiner sozialen Verhältnisse und diese Beobachtung gilt sowohl für den Raum der Erzählung als auch für die Referenz auf den Raum der Schreibsituation. Oben wurde bereits dargelegt, wie der Eintritt in diese sozialen Verhältnisse – und in Analogie dazu die Verschriftlichung seiner Reiseerlebnisse – sowohl von einer äußeren Aufforderung als auch von der Eigenart Dean Mahomets initiiert wird. Indem er diesen Umstand in seinen *Travels* explizit darstellt, verknüpft er seine Person und seine Sprechposition und schafft durch diesen Zusammenhang zugleich ein verbindendes Element zwischen dem sozialen Raum der Erzählung und demjenigen der Schreibsituation.

Deutlich wird aber auch, dass das soziale Netzwerk, auf das Dean Mahomet sich hier bezieht, definiert ist durch ein Selbstverständnis als politische und militärische Macht in Bengalen. Die Übernahme von Palästen und der herrschaftliche Überblick weisen auf ein Verständnis dieses sozialen Raumes, welches durch ein explizites Verhältnis zu eroberten und untergeordneten Räumen konstituiert wird. *Travels* rekurriert auf die Rede über den Raum, die das Selbstverständnis der East India Company als politische Macht sowohl gegenüber dem indischen Kontext als auch gegenüber der Metropole begründete. Die Konstitution eines *imperial space* ist nicht nur als Geschichte der Räume auf dem Indischen Subkontinent aufzufassen, sondern auch als Geschichte eines sozialen Raumes selbst, der als Herrschaftsmacht auftritt. Dean Mahomet schließt sich eben jenem Diskurs an, welcher die Konstitution des sozialen Raumes der Bengal Army mit dem *imperial space* verknüpft. Die Rede über den *imperial space* und über andere, ihm unter- und nebengeordnete Räume, ist also auch eine Rede über den sozialen Raum der East India Company und daher mit Edney als Teil einer *spatial history* zu verstehen, als diskursive Handlung, die Bedeutung und Auswirkungen auf den sozialen und politischen Kontext hat. Somit ist die Aneignung einer Sprechposition in diesem Diskurs auch als eine Aneignung sozialer *agency* aufzufassen. Diese *agency* aber zeichnet sich nicht nur strukturell, sondern auch inhaltlich aus. Die Erzählung beschreibt das Potential

– um Janckes Begriff der Autorität hier abzuwandeln – der Perspektive und Sprechposition Dean Mahomets, der die vom Überblick gekennzeichnete Herrschaft der Briten eben zugleich durch seinen Einblick ergänzen, aber auch unterlaufen kann. Mit dem unterirdischen Tempelraum und dem Labyrinth hat Dean Mahomet von Räumen erzählt, die den Briten nicht zugänglich beziehungsweise für sie nicht erkennbar waren. Er hat dadurch das Selbstverständnis des *imperial space* hinterfragt und andere, diesem nicht untergeordnete Räume aufgezeigt. Letztere entziehen sich den Zwecken und dem Herrschaftsanspruch dieses Raumes und bewirken so die Unsicherheit der Herrschaft auf der praktischen wie auf der diskursiven Ebene, wie sie sowohl Said und Bhabha als auch Edney festgestellt haben. Wie aber oben bereits ausgeführt, kann *Travels* nicht allein als Verweis auf und somit als Verstärkung dieser Unsicherheit gelten. Denn obwohl Dean Mahomets Aussageposition gekennzeichnet ist durch seine Kenntnis verschiedenartiger Räume, ist die Richtung seiner Aussage eindeutig: Dean Mahomet spricht die anglo-irische Elite an und macht daher die Unkenntnis als solche wie auch die Inhalte verborgener Kenntnisse, soweit ihm verfügbar, für diese lesbar. Dies aber ist dadurch möglich, dass er sich und seinen eigenen sozialen Raum ebenso wie seine Kenntnisse nach Irland transferiert – gleichsam wie das Archiv, von dem Edney spricht. Und in jenem Verweis auf die Eigenheit der Person Dean Mahomets und der gleichzeitigen Bezugnahme auf die anglo-irische Elite als Adressaten ebenso wie durch die Subskription als verbindendem Element zwischen Text und Kontext zeigt sich genau das Potential, die *agency* seiner Sprechposition.

Dabei vollzieht Dean Mahomet keine eindeutige Verortung in dem sozialen Raum, den die Personennetzwerke in der East India Company und in der anglo-irischen Elite darstellen. Seine bewusste Inszenierung seiner muslimischen Herkunft auf dem Titelblatt, die vom Großteil seiner Leser mit dem Wissen um seinen Eintritt in die Anglikanische Kirche und seine Heirat mit einer Anglo-Irin gelesen werden musste, stellt genau jene Gleichzeitigkeit von Zugehörigkeit und Divergenz dar, die innerhalb der Reiseerzählung die Selbstverortung geprägt hat und hier auch die Situation des Autors prägt. So weisen die Strategien der Selbstverortung aus der literarischen Fiktion in den historischen Kontext. Dean Mahomet behauptet einen eigenen Raum, der jeweils an den Rändern der gegebenen Räume stattfindet und diese wie ein *third space* überlagert. Diesem Raum verschafft er mit der Publikation von *Travels* Geltung. Dies gilt allerdings nicht nur für seine diskursive Verortung. Auch seine soziale Verortung ist im Bezug auf sein Personennetzwerk durch eine eigenartige Stellung geprägt. Einerseits ist er Teil dieses Netzwerkes und genießt die Patronage verschiedener Familien, andererseits steht er außerhalb, da er selbst keine weiteren verwandtschaftlichen Beziehungen hat, die ihm eine vergleichsweise gesicherte Stellung darin gewähren könnten. An diese Eigenart anknüpfend aber erzählt er in *Travels* von seiner eigenen Person, die durch ihre soziale Verortung einen neuartigen Raum schafft.

Daher müssen die von Martina Löw beschriebenen Raum-Verhandlungen zwischen sozialen Akteuren auch für Dean Mahomets *third space* und seinen sozialen Kontext angenommen werden. Dean Mahomet thematisiert in *Travels* durchgängig Zugehörigkeit und Divergenz als untrennbare Elemente der Selbstverortung. Dabei bezieht er sich als Subjekt der Aussage nicht nur auf verschiedene Räume, geographische, soziale und diskursive, er behauptet auch für sich als aussagendes Subjekt einen eigenen Raum. Indem Dean Mahomet sich in verschiedenen Räumen mit einem eigenen Maß an kommunikativer *agency* verortet, konstituiert er das im Text verortete Selbst und seinen *third space* als eine narrative Ressource, aus der er als Verfasser des Textes eine Position kommunikativer Autorität erlangt: Dean Mahomet hat Kenntnisse zu bieten. Und er kann bereits auf eine ihm eigene Form der Zugehörigkeit verweisen. Die vielfältige Darstellung seiner Sprechpositionen und seines Zugangs zu diesen ist somit als Verhandlung der im Verhältnis zum umgebenden Personennetzwerk ermöglichten kommunikativen und sozialen *agency* aufzufassen. Denn nicht nur aus der Behauptung einer identitären Eigenheit, wie Fisher die Selbstverortung auffasst, sondern aus der Behauptung eines *third space* heraus, der ein Verhältnis zu den bereits gegebenen Räumen behauptet, erhält Dean Mahomet eine Sprechposition, deren Behauptung schon als soziale Handlung aufgefasst werden kann, da sie in die Struktur der gegebenen Räume eingreift. Diese Konstruktion eines Handlungsspielraums verweist auf das wechselseitige Verhältnis zwischen Selbstverortung und den verschiedenartigen Räumen, in denen diese stattfindet. Die geographischen, sozialen und diskursiven Räume bilden den historischen Kontext, in dem die Selbstverortung als Handlung eigene Räume behauptet. Die Verortung mit ihrer gleichzeitigen Herstellung neuer, anders gearteter Räume, die gegenüber den gegebenen behauptet werden müssen, trägt wiederum zur Herstellung eines neuen räumlichen Kontextes bei. Die Verhandlungen dieser Räume, die Martina Löw als soziologisch zu beschreibenden Vorgang auffasst, sind in ihrer inneren wechselseitigen Dynamik zwischen gegebenen Räumen und der Selbstverortung einzelner Akteure oder Gruppen eine fortschreitende historische Entwicklung. *Travels* behauptet durch die Aneignung derjenigen Zeichen, welche eine ein- und unterordnende Sprechposition im *imperial space* herstellen, eine Sprechposition, welche in dessen Raumordnung nicht vorgesehen ist. Ebenso behauptet er eine Form der Zugehörigkeit, die in der von Abgrenzung geprägten sozialen Struktur der kolonialen anglo-irischen Elite ebenfalls nicht präfiguriert ist. So ist *Travels* Teil dieser fortschreitenden Aushandlung und Neugestaltung diskursiver und sozialer Räume durch die *agency* der historischen Akteure.

7. Schlussbetrachtung: Selbstverortung als historische Handlung

> *Your respectable name prefixed to these pages, cannot fail to shield them with the armour of security, as the judicious must be highly gratified with the peculiar propriety of inscribing them to a Gentleman so perfectly conversant with scenes, which I have attempted to describe.*[222]

Die ausführliche Interpretation von *Travels* hat gezeigt, wie komplex und vielschichtig Dean Mahomet in seinem Reisebericht verortet ist. Der Vergleich von Szenen des Überblicks mit solchen des Einblicks hat ergeben, dass die Verortung des Protagonisten in Räumen der Erzählung die umfassenden Kenntnisse des Erzählers begründen, dass also Verortung und Zugang als narrative Strategien zur Konstitution der eigenen Sprechposition gelten können, die auf den britischen Diskurs und auf den dazugehörigen sozialen Raum abzielen. Dabei ist die Sprechposition Dean Mahomets nicht mit der Subjektposition identisch, die Edney als eine distanzierte, überblickende und mit kompilatorischen Praktiken einhergehende herausgearbeitet hat. Sie wird vielmehr durch die divergierenden, in den Schilderungen von Überblick und Einblick vorgenommenen Verortungen begründet. Die Sprechposition, die sich aus der Verortung des Protagonisten in dichotom angeordneten kulturellen Räumen ergibt, liegt jenseits dieser Dichotomie, wofür auch die Ausgestaltung kultureller Vergleiche spricht. Gerade weil hier das aussagende Subjekt in einem dem Subjekt der Aussage übergeordneten und zudem nicht dichotom strukturierten diskursiven Raum zu verorten ist, bietet es sich an, diese Konstellation mit Bhabhas *third space* zu beschreiben. Es bietet sich zudem an, Bhabhas Unterscheidung zweier Ebenen im Diskurs auf das Verhältnis von Protagonist und Erzähler im Text zu

---

222 Mahomet 1996, S. 9.

übertragen, was allerdings eine entschiedene Aneignung des Begriffs ist, die in den Texten Bhabhas nicht intendiert ist, für den hier untersuchten Gegenstand aber einigen erklärenden Wert hat: Die Übertragung des Konzepts deutet darauf hin, dass die Verortungen von Erzähler und Protagonist im Diskurs des Reiseberichts sich strukturell unterscheiden, dass der Raum des Erzählers anders geartet sein kann als die Räume des Protagonisten, zugleich aber erst im Akt des Erzählens dieser Räume entsteht. Hier muss allerdings auch darauf hingewiesen werden, dass der erklärende Wert des Konzepts *third space* begrenzt ist. Bhabha leitet das Konzept aus einer allgemeinen Verfasstheit der Sprache her und bezeichnet mit ihm verschieden strukturierte Ebenen des Diskurses. Dennoch wird der Begriff des *third space* im Anschluss an Bhabha häufig als Raummetapher verwendet, um Orte jenseits kultureller Dichotomien zu bezeichnen, ohne auf seine diskursiv-strukturellen Implikationen einzugehen. Wie oben bereits ausgeführt, begründet Bhabha die Veränderbarkeit kultureller Signifikanten mit den diskursiven Mechanismen im *third space*, wobei die Verortung des aussagenden Subjekts in diesem der Intentionalität propositionaler Äußerungen entzogen ist. Die Veränderbarkeit kultureller Räume wird so konzeptuell nicht mit der intentionalen *agency* historischer Akteure verbunden. Dementsprechend erfasst das Konzept *third space* sowohl die Anordnung als auch die strukturelle Differenz desjenigen *enunciatory space*, den Dean Mahomet durch seine Perspektive und seine Sprechposition gestaltet, es lässt jedoch offen, wie diese diskursive Positionierung mit der sozialen Positionierung sowohl im Text als auch im Kontext zusammenhängt. Gleiches gilt auch für die Verunsicherung kultureller Signifikanten durch den *third space*, wie sie an *Travels* zu beobachten und mit Bhabha zu erklären ist. Dean Mahomets Sprechposition – begründet auch durch den Einblick in Verhältnisse, die der Ordnung des britischen kolonialen Diskurses entzogen sind – verweist auf jene Verunsicherung der kolonialen Signifikanten in der Auseinandersetzung mit dem Anderen: Das Labyrinth als epistemologisch Anderes bestätigt nicht die Überlegenheit des britischen Wissensdiskurses, sondern entzieht sich diesem. Auch hier zeigt sich – mit Bhabha – wie der koloniale Diskurs, der kulturelle Diversität behauptet, immer schon die Differenz produziert, welche die Originalität und somit die Autorität seiner Zeichen unterläuft. Es ist mit diesem Konzept jedoch nicht zu erklären, weshalb drei im kolonialen Diskurs angesiedelte und auf das gleiche Lesepublikum abzielende Reiseberichte sowohl Szenen des Blickes als auch die kulturelle Übersetzung in unterschiedliche narrative Strategien einbinden.

Ansätze zu einer Erklärung unterschiedlicher narrativer Strategien bieten sowohl Edneys Untersuchungen von den Praktiken des Wissens als auch Mondadas Beobachtung, dass soziale Verortung in der Klasse der Reisenden und Beobachtenden durch den erzählten Blick vorgenommen wird. Eine *Identifikation* mit den Briten durch Aneignung ihres *imperial gaze* steht Dean Mahomet als Modus sozialer Verordnung nicht zur Verfügung. Voraussetzung für die Selbstverortung Dean Mahomets in seinem Reisebericht, der sich den britischen Praktiken und Diskursen des Wissens anschließt, ist, wie Edney herausgearbeitet hat, die Unterordnung und auch das Unsichtbarmachen der indigenen Mitarbeiter und Informanten im wissenskompilatorischen Projekt der Briten. Dean Mahomets Herkunft müsste demnach seine Sprechposition präfigurieren. Wir können aber vor diesem Hintergrund am Text beobachten, wie Herkunft und ganz besonders auch selbst gewählte und erlangte Zugehörigkeit sowohl für die Räume der Erzählung als auch des Schreibens und Publizierens von grundlegender Bedeutung sind, nämlich als Bestandteile der narrativen Strategien der Selbstverortung. Die Herkunft Dean Mahomets wird so weder aus der Erzählung ausgeschlossen, noch als dieser vorgängig stehen gelassen, sondern in die Strategien sozialer und diskursiver Verortung eingebunden. Im Vergleich zu den hier behandelten Reiseberichten von Grose und Hodges, die eine Identifikation mit dem Wissensdiskurs und seiner sozialen Klasse, wie Mondada sie beschrieben hat, vornehmen, fallen für *Travels* im Vergleich Strategien einer anders gearteten Verortung auf, die nur dann Sinn ergeben, wenn wir die Ausrichtung des Textes auf sein Lesepublikum mit in Betracht ziehen. Bei diesem Lesepublikum handelt es sich zwar um das von Mondada beschriebene, es wird vom Erzähler allerdings nicht adressiert, indem dieser sich mit ihm identifiziert, sondern indem er sich ihm annähert.

Die weitere Untersuchung von Zugehörigkeit und Divergenz hat gezeigt, wie auch die soziale Verortung als narrative Strategie aufgefasst werden kann. Auf verschiedene Weisen – über den Blick, die Verwendung der Pronomen *we* und *they*, über die Zuordnung und den Zugang zu sozialen und diskursiven Räumen – wird hier als Modus der sozialen Verordnung eine Gleichzeitigkeit von Zugehörigkeit und Divergenz behauptet, die ihren konkreten räumlichen Ausdruck häufig in der

Nähe findet. Fassen wir nun Raum mit Löw als relationale Anordnung auf und übertragen ihre soziologischen Methoden auf die Textanalyse, so muss aufgrund des Themas der Verortung, das sich durch den Text und seine verschiedenen Ebenen zieht – so beispielsweise die Verortung im Militärlager, während der Überfahrt und in der Schreibsituation – festgehalten werden, dass Dean Mahomet einen eigens strukturierten Raum behauptet. Entgegen der kulturellen Identifikation, die grundlegend sowohl für den *imperial space* in Indien wie auch für die koloniale Situation in Irland ist, stellt *Travels* eine Zuordnung durch Nähe sowie durch ineinander verschränkte Zugehörigkeit und Divergenz her. Dass dieser Modus der sozialen Verortung Dean Mahomets in der anglo-irischen Elite entspricht, bestärkt diese Beobachtung am Text und macht sie zudem über diesen hinaus deutbar. Könnte man diesen eigenen Raum seiner Struktur wegen nach wie vor mit Bhabhas *third space* bezeichnen, so haben doch die Raumkonzepte Edneys und Löws hier größere Evidenz, da sie eine historische Kontextualisierung der Quelle ermöglichen. Denn es ist hier auch zu beobachten, dass nicht nur durch die bereits diskutierte Schilderung epistemologisch anderer Wissensräume, sondern auch durch die Herstellung eines nach anderen Modi der Zugehörigkeit funktionierenden Raumes der von Edney behauptete *imperial space* in Frage steht – dass also eine Aushandlung verschiedener sozialer Räume an einem Ort zu beobachten ist. Eine Aushandlung aber muss Intentionalität der Akteure mitdenken. Wie diese wissenschaftlich in der Lektüre eines Reiseberichts aufzufassen ist, bleibt eine grundsätzliche Frage.

Festzuhalten bleibt, dass Dean Mahomet in der erzählten Situation, in der Schreibsituation und in der Erzählung der Überfahrt, die als Übergang zu beiden aufgefasst werden kann, einen Raum für sich behauptet, der auf eigene Weise strukturiert ist. Er ist charakterisiert durch die Verschränkung kultureller Symbolik wie in der Szene, in der er im Palankin Bakers sich von seiner Mutter verabschiedet, und durch die Zuordnung zu demjenigen Personennetzwerk, welches auch sein Lesepublikum darstellt. Im Text dargestellt wird dieser eigene Raum allerdings nicht durch Beobachtung oder Außenansicht, sondern dadurch, dass Dean Mahomet sich verortet, den Raum durch sein Handeln erschließt und ihm somit die charakteristischen Züge verleiht. Der Raum entspricht somit strukturell der Person Dean Mahomets: Selbstdarstellung, Selbstverortung und Herstellung – wenn auch marginaler – sozialer Räume gehen hier untrennbar miteinander einher. Aufgrund dieser Beobachtung ist *Travels* und seine Interpretation an die oben zitierte Selbstzeugnisforschung anzuschließen. So kann auch für andere Reiseberichte beobachtet werden, wie der Raum der eigenen Person an verschiedenen Stationen einer Reise und in verschiedenen sozialen Zusammenhängen zum Wirken kommt,[223] somit ein Raum ist, der sich mit der ihn behauptenden Person innerhalb verschiedener sozialer Räume bewegt. Sowohl die Überführung dieses eigenen Raumes in die Schreibsituation als auch der Zugang zu dem sozialen und diskursiven Raum, an den Dean Mahomet seine Publikation richtet, sprechen dafür, dass es sich hier um narrative Strategien handelt, die aus dem Text hinaus auf einen sozialen Kontext weisen. Die Wechselseitigkeit seines Zugangs verweist – wie oben dargelegt – auf das kommunikative Potential der Position Dean Mahomets. Indem er selbst Elemente der Verunsicherung kolonialer Herrschaft und damit eines Personennetzwerks, welches sich sowohl auf dem Indischen Subkontinent als auch in Irland als koloniale Elite verstand, schildert, diese zugleich aber auch lesbar macht, schreibt er sich zumindest in Ansätzen auch eine kommunikative Autorität gegenüber denjenigen Personen zu, an die seine Aussage gerichtet ist. Die konsequente Fokussierung auf textuelle Strategien kann so aufzeigen, wie gegebene und hergestellte Räume in einem dynamischen Verhältnis stehen und kann somit die Ausrichtung einer textuellen Selbstverortung in die Interpretation des Textes integrieren, ohne die Intention seines Autors fixieren zu müssen.

Wie sehr die soziale Selbstverortung im Personennetzwerk gelungen ist, zeigt – besonders im Vergleich zu den Lebenswegen anderer indischer Immigranten – Dean Mahomets weitere erfolgreiche Nutzung weitläufiger Patronagenetzwerke. Es sollte aber diese Beobachtung die Frage anregen, inwieweit ein solches Gelingen tatsächlich ein Einzelfall war – oder ob die Biographie Dean Mahomets Anlass ist, die Quellen, welche auf Handlungsräume indischer Immigranten in Großbritannien verweisen, ebenso eingehend zu untersuchen. Dass die Handlungsräume indischer Immigranten in Großbritannien ein virulentes Thema der Sozialgeschichte sein sollten, hat Michael Fisher mit seiner neue Grundlagen schaffenden Untersuchung „Counterflows to Colonialism" gezeigt.[224] Dass aber eine Ausrichtung des Erkenntnisinteresses auf kulturelle Identität genau die Dynamik dieser Handlungs-

---

223 Vgl. Jancke / Cwiklinski 2007.
224 Fisher 2004a.

spielräume zu übersehen droht, hoffe ich hier nachgewiesen zu haben. Ebenso sollte die hier aufgezeigte Konstitution eines *third space* oder auch der Verhandlung verschiedener Räume an einem Ort die Forschungsergebnisse Edneys ergänzen. Denn es ist auch für diesen Kontext zu fragen, inwieweit trotz der Dichotomisierung und Hierarchisierung der britischen Praktiken der Wissensaneignung im *imperial space* sich abweichende, konkurrierende Handlungsräume auftaten, wofür beispielsweise die Forschungen Michael Manns zur frühen Kolonialherrschaft der Briten in Bengalen wichtige Beispiele liefern.[225]

Auf beide Kontexte bezogen zeigen sich so Untersuchungsfelder, wenn eine literarisch vollzogene Selbstverortung als historische Handlung aufgefasst werden kann. Wie sehr Konzepte der Diskursanalyse oder auch eine literaturwissenschaftlich begründete Unterscheidung zwischen Protagonist, Erzähler und Autor eines Textes auch für die Frage nach historischen Handlungsräumen von Aufschluss sind, hoffe ich gezeigt zu haben. Die grundlegende Konstruiertheit des Reiseberichts, dessen fiktionale wie faktische Anteile, erlauben gerade einen eingehenden Bezug sowohl auf die (Wissens-) Diskurse seiner Zeit wie auch einen Bezug auf die Strukturen des sozialen Kontextes. Das Erzählen und Darstellen von sozialer Zugehörigkeit im Reisebericht eröffnet Möglichkeiten, diese auf den historischen Kontext zu beziehen und so die zeitgenössische Konstitution sozialer Zugehörigkeit in ihren Inhalten und Strukturen nachzuvollziehen. Und indem die Erzählung als Teil der prozessualen Ausgestaltung sozialer Räume aufgefasst wird, kann auch der Prozess sozialer Aushandlungen von Zugehörigkeit entgegen den immer wieder behaupteten Essentialismen begriffen werden.

---

225 Mann 2000.

Literaturverzeichnis

Quellen

Equiano, Olaudah, *The Interesting Narrative of the Life of Olaudah Equiano, or Gustavus Vassa, The African, Written By Himself*, London 1789

Grose, John Henry, *A Voyage to the East Indies; containing Authentic Accounts of the Mogul Government in general, the Viceroyalties of the Deccan and Bengal, with their several subordinate Dependencies*, London 1772

Hodges, William, *Travels in India during the Years 1780-3*, London 1793

Kindersley, Jemima, *Letters from the Island of Teneriffe, Brazil, The Cape of Good Hope, and the East Indies*, London 1777

Mahomed, Sake Deen, *Cases Cured By Sake Deen Mahomed, Shampooing Surgeon, And Inventor of the Indian Medicated Vapour Bath*, Brighton 1820

Mahomed, Sake Deen, *Shampooing, Or, the Benefits Resulting from the Use of the Indian Medicated Vapour Bath*, Brighton 1822, 1826, 1838

Mahomet, Dean, *The Travels of Dean Mahomet, a Native of Patna in Bengal through Several Parts of India, While in the Service of The Honorable The East India Company Written by Himself, In a Series of Letters to a Friend*, Cork 1794, [in: Michael H. Fisher, *The First Indian Author in English. Dean Mahomed (1759-1851) in India, Ireland and England*, Delhi (u.a.) 1996, S. 9-112]

Forschungsliteratur

Khan, Mirza Abu-Taleb, *Travels of Mirza Abu Taleb Khan in Asia, Africa, and Europe, during the Years 1799, 1800, 1801, 1802 and 1803*, aus dem Persischen übertragen von Charles Stewart, London 1810

Alavi, Seema, *The Sepoys and the Company. Tradition and Transition in Northern India 1770-1830*, Oxford / Delhi 1995

Bähr, Andreas / Burschel, Peter / Jancke, Gabriele, *Räume des Selbst. Selbstzeugnisforschung transkulturell*, Köln u.a. 2007

Bähr, Andreas / Burschel, Peter / Jancke, Gabriele, „Räume des Selbst. Eine Einleitung", in: dies. 2007, S. 1-12

Batten, Charles, *Travellers and Travel Liars 1660-1800*, Berkeley / Los Angeles 1978 (1962)

Bayly, Christopher A., *Indian Society and the Making of the British Empire* (= New Cambridge History of India Bd. 2.1), Cambridge 1988

Bayly, Christopher A., „Knowing the Country: Empire and Information in India", in: Modern Asian Studies, Bd. 27.1 (1993), S. 3-43

Bayly, Christopher A., *Empire and Information. Intelligence gathering and social communication in India* (= Cambridge Studies in Indian History and Society, Bd. 1), Cambridge 1996

Bhabha, Homi K., *The location of culture*, London / New York 1994

Bhabha, Homi K., Die Verortung der Kultur (Stauffenberg discussions, Bd. 5), aus dem Englischen übertragen von Michael Schiffmann und Jürgen Freudl, Tübingen 2000

Bourne, J. M., *Patronage and Society in Nineteenth-Century England*, London 1986

Bowen, H. V., „British India, 1765-1813: The Metropolitan Context", in: Peter J. Marshall, *The Oxford History of the British Empire Vol. II. The Eighteenth Century*, Oxford / New York 1998, S. 530-551

Brändle, Fabian / Greyerz, Kaspar von / Heiligensetze, Lorenz / Leutert, Sebastian / Pillert, Gudrun: „Texte zwischen Erfahrung und Diskurs. Probleme der Selbstzeugnisforschung", in: Greyerz, Kaspar von / Medick, Hans / Veit, Patrice, *Von der dargestellten Person zum erinnerten Ich. Europäische Selbstzeugnisse als historische Quellen (1500-1850)* (= Selbstzeugnisse der Neuzeit, Bd. 9), Köln (u.a.) 2001, S. 3-31

Bryant, Gerald, „Officers of the East India Company's Army in the Days of Clive an Hastings", in: Truck, Patrick (Hg.), *The East India Company 1600-1858, Vol. 5: Warfare, Expansion and Resistance* , New York 1998 [Journal of Imperial and Commonwealth History, Bd. 15.1, London 1985], S. 32-60

Callahan, Raymon, *The East India Company and Army Reform, 1783*-1798 (= Harvard Historical Monographs, Bd. 67), Cambridge 1972

Cohn, Bernard S., „The Command of Language and the Language of Command", in: Guha, Ranajit (Hg.), *Subaltern Studies Vol. IV: Writings on South Asian History and Society*, Delhi 1985, S. 276-329

Cohn, Bernard, *Colonialism and its Forms of Knowledge*, Princeton 1996

Daberdeen, David / Wilson-Tagoe, Nana, *A Reader's Guide to West Indian and Black British Literature*, London 2001

Davis, Natalie Zemon, „Boundaries of the Self in Sixteenth-Century France", in: Heller, Thomas C. / Sosna, Morton / Wellberry, David E. (Hgg.), *Reconstructing Individualism. Autonomy, Individuality, and the Self in Western Thought*, Stanford 1986, S. 53-63 und S. 332-335

Dülmen, Richard von, *Entdeckung des Ich. Die Geschichte der Individualisierung vom Mittelalter bis zur Gegenwart*, Köln (u.a.) 2001

Edney, Matthey, *Mapping an Empire. The geographical construction of British India, 1765-1843*, Chicago / London 1997 (1990)

Fahrmeir, Andreas, *Citizens and Aliens. Foreigners and the Law in Britain and the German States 1789-1870* (= Monographs in German History, Bd. 5), New York / Oxford 2000

Fisher, Michael H., *The Travels of Dean Mahomet. An Eighteenth-Century Journey through India*, London 1997

Fisher, Michael H., „Representations of India, the English East India Company, and Self by an Eighteenth-Century Indian Emigrant to Britain", in: Modern Asian Studies, Bd. 32.4 (1998), S. 891-911

Fisher, Michael H., *Counterflows to Colonialism. Indian Travellers and Settlers in Britain 1600-1857*, Delhi 2004

Fisher, Michael H., „Asians in Britain: negotiations of identity through self-representation", in: Wilson, Kathleen (Hg.), *A New Imperial History. Culture, Identity and Modernity in Britain and the Empire 1660-1840*, Cambridge 2004, S. 91-112

Franklin, Michael John, „General Introduction" in: Michael John Franklin (Hg.), *Representing India. Indian Culture and Imperial Control in Eighteenth-Century British Orientalist Discourse* Vol. I, London / New York, 2000, S. v-xi

Fryer, Peter, *Staying Power. The History of Black People in Britain*, London 1984

Gates, Henry Louis, *The Signifying Monkey: A Theory of Afro-American Criticism*, Oxford 1988

Hasan, Farhat, *State and Locality in Mughal India* (= University of Cambridge Oriental Publications, Bd. 61), Cambridge 2004

Huddart, David, *Homi K. Bhabha*, London u.a. 2007

Innes, Lyn, „Eighteenth-Century Men of Letters: Ignatius Sancho and Sake Deen Mahomed", in: Nasta, Susheila (Hg.), *Reading the ‚New' Literatures in a Postcolonial Era* (= Essays and Studies English Association, Bd. 53), Cambridge 2000

Jancke, Gabriele, „Autobiographische Texte – Handlungen in einem Beziehungsnetzwerk. Überlegungen zu Gattungsfragen und Machtaspekten im deutschen Sprachraum von 1400-1620, in: Schulze, Winfried (Hg.), *Ego-Dokumente. Annäherung an den Menschen in der Geschichte* (= Selbstzeugnisse der Neuzeit, Bd. 2), Berlin 1996, S. 73-106

Jancke, Gabriele / Ulbrich, Claudia „Einleitende Bemerkungen", zu: Natalie Zemon Davis, „Heroes, Heroines, Protagonists", in: L'Homme Z.F.G., Bd. 12.2 (2001), S. 322-328

Jancke, Gabriele, *Autobiographie als soziale Praxis. Beziehungskonzepte in Selbstzeugnissen des 15. und 16. Jahrhunderts im deutschsprachigen Raum* (= Selbstzeugnisse der Neuzeit, Bd. 10), Köln (u.a.) 2002

Jancke, Gabriele, „Leben texten, Lebensgeschichten, das eigene Leben schreiben – ein Plädoyer für Unterscheidungen. Auf der Grundlage und anhand von frühneuzeitlichen autobiographischen Schriften", in: L'Homme Z.F.G., Bd. 14.2 (2003), S. 386-395

Jancke, Gabriele / Ulbrich, Claudia, „Vom Individuum zur Person. Neue Konzepte im Spannungsfeld von Autobiographietheorie und Selbstzeugnisforschung", in: Jancke, Gabriele / Ulbrich, Claudia (Hgg.), *Vom Individuum zur Person. Neue Konzepte im Spannungsfeld von Autobiographietheorie und Selbstzeugnisforschung* (= Querelles Bd. 10), Berlin 2005, S. 7-27

Jancke, Gabriele / Cwiklinski, Sebastian: „Räume des Selbst, Gastfreundschaft im Reisebericht des tatarischen gelehrten Publizisten Abdurraschid Ibrahim (frühes 20. Jahrhundert)", in: Bähr, Andreas / Burschel, Peter / Jancke, Gabriele, *Räume des Selbst. Selbstzeugnisforschung transkulturell*, Köln u.a. 2007, S. 131-150

Kolbeck, Maike, *From word to land. Early English reports from North America as worldmaking texts*, Frankfurt (Main) 2008

Kolff, Dirk H. A., *Naukar, Rajpu and Sepoy. The ethnohistory of the military labour market in Hindustan, 1450-1850* (University of Cambridge Oriental Publications, Bd. 43), Cambridge 1990

Korte, Barbara, „Der Reisebericht aus anglistischer Sicht: Stand, Tendenzen und Desiderate seiner literaturwissenschaftlichen Erforschung.", in: Zeitschrift für Anglistik und Amerikanistik 42 (1994), S. 364-387

Korte, Barbara, *Der englische Reisebericht: von der Pilgerfahrt bis zur Postmoderne*, Darmstadt 1996

Leask, Nigel, *Curiosity and the Aesthetics of Travel Writing, 1770-1840: ‚From an Antique Land'*, Oxford 2002

Löw, Martina, *Raumsoziologie*, Frankfurt (Main) 2001, S. 13f.

Löw, Martina, „Epilog", in: Rau, Susanne (Hg.), *Zwischen Gotteshaus und Taverne: öffentliche Räume im Spätmittelalter und in der Frühen Neuzeit* (= Norm und Struktur, Bd. 21), Köln 2004, S. 463-468

Mann, Michael, *Bengalen im Umbruch. Die Herausbildung des britischen Kolonialstaates 1754-1793* (= Beiträge zur Kolonial- und Überseegeschichte, Bd. 78), Stuttgart 2000

Mann, Michael, *Geschichte Indiens vom 18. bis 21. Jahrhundert*, Paderborn (u.a.) 2005

Marshall, Peter J., „Warren Hastings as Scholar and Patron", in: Whiteman, Anne / Bromley, J. S. (Hgg,), *Statesmen, Scholars and Merchants. Essays in Eighteenth-Century History presented to Dame Lucy Sutherland*, Oxford 1973, S. 242-262

Marshall, Peter J., *East Indian Fortunes. The British in Bengal in the Eighteenth Century*, Oxford 1976

McCracken, J. L., „The Social Structure and Social Life 1714-1760", in: Moody, T. W. / Vaughan, W. E., *A New History of Ireland Vol IV: Eighteenth Century 1691-1800*, Oxford 1986, S. 31-56

McCracken, J. L., „Protestant Ascendency and the Rise of Colonial Nationalism, 1714-1760", in Moody, T.W. / Vaughan, W.E., *A New history of Ireland. Vol IV: Eighteenth Century 1691-1800*, Oxford 1986, S. 105-121

Mondada, Lorenza, „Seeing as Condition of Saying. On the Discursive Construction of Knowledge in Travel Accounts" (übertragen von Iain L. Fraser), in: Schulz-Forberg, Hagen (Hg.), *Unravelling Civilisation. European Travel and Travel Writing* (= Multiple Europes, Bd. 30), Brüssel (u.a.) 2005, S. 63-85

Porter, Roy, *Rewriting the Self. Histories from the Renaissance to the Present*, London / New York 1997

Razzell, P. E., „Social Origins of Officers in the Indian and British Home Army: 1758-1962", in: The British Journal of Sociology, Bd. 14.3 (1963), S. 248-260

Pratt, Mary Louise, *Imperial Eyes. Travel Writing and Transculturation*, London / New York 1992

Said, Edward, *Orientalism*, London 1978

Shamsie, Mulneesa, *Leaving Home towards a New Millenium. A Collection of English Prose by Pakistani Writers*, Oxford 2001

Teltscher, Kate, „The Shampooing Surgeon and the Persian Prince: Two Indians in early Nineteenth-century Britain", in: Interventions, Bd. 2.3 (2000), S. 409-423

Teltscher, Kate, „India / Calcutta: city of palaces and dreadful night", in: Hulme, Peter / Youngs, Tim, *The Cambridge Companion to Travel Writing*, Cambridge 2002

Tillotson, Giles, The *Artificial Empire. The Indian Landscapes of William Hodges*, Richmond 2000

Visram, Rozina, *Ayahs, Lascars and Princes: Indians in Britain 1700-1947*, London 1986

Visram, Rozina, *Asians in Britain. 400 Years of History*, London / Sterling 2002

Weigel, Sigrid, „Zum topographical turn: Kartographie, Topographie und Raumkonzepte in den Kulturwissenschaften", in: KulturPoetik, Bd. 2.2 (2002), S. 151-165

Wilson, Kathleen, „The Island Race", in: Claydon, Tony / McBride, Ian (Hg.), *Protestantism and National Identity*, Cambridge 1998

Wilson, Kathleen, „Citizenship, empire and modernity in the English provinces, c. 1720-90", in: Catherine Hall (Hg.), *Cultures of empire. Colonizers in Britain and the empire in the nineteenth and twentieth centuries*, Manchester 2000, S. 157-186

Lexikonartikel

„Fakir", in: Klein, Ernest (Hg.), *A Comprehensive Etymological Dictionary of the English Language*, Bd. 1, London (u.a.) 1966, S. 571

„Sepoy" und „Shampoo" in: Barnhart, Robert K. (Hg.), *The Barnhart Dictionary of Etymology*, New York 1988, S. 984 u. S. 922

Farrant, John H., „John Henry Grose", in: Matthew, H. C. G. (Hg.), *Oxford Dictionary of National Biography*, Bd. 24, Oxford 2004, S. 73-74

Zivilisationen & Geschichte

Herausgegeben von Ina Ulrike Paul und Uwe Puschner

Band 1   Ljiljana Heise: KZ-Aufseherinnen vor Gericht. Greta Bösel – „another of those brutal types of women"? 2009.

Band 2   Ivonne Meybohm: Erziehung zum Zionismus. Der Jüdische Wanderbund Blau-Weiß als Versuch einer praktischen Umsetzung des Programms der Jüdischen Renaissance. 2009.

Band 3   Tamara Or: Vorkämpferinnen und Mütter des Zionismus. Die deutsch-zionistischen Frauenorganisationen (1897-1938). 2009.

Band 4   Sonja Knopp: „Wir lebten mitten im Tod". Das „Sonderkommando" in Auschwitz in schriftlichen und mündlichen Häftlingserinnerungen. 2010.

Band 5   Vera Kallenberg: Von „liederlichen Land-Läuffern" zum „asiatischen Volk". Die Repräsentation der ‚Zigeuner' in deutschsprachigen Lexika und Enzyklopädien zwischen 1700 und 1850. Eine wissensgeschichtliche Untersuchung. 2010.

Band 6   Stefan Gerbing: Afrodeutscher Aktivismus. Interventionen von Kolonisierten am Wendepunkt der Dekolonisierung Deutschlands 1919. 2010.

Band 7   Karena Kalmbach: Tschernobyl und Frankreich. Die Debatte um die Auswirkungen des Reaktorunfalls im Kontext der französischen Atompolitik und Elitenkultur. 2011.

Band 8   Monika Brockhaus: „Ein Ereignis von weltgeschichtlicher Bedeutung". Die Balfour-Deklaration in der veröffentlichten Meinung. 2011.

Band 9   Klaus Geus (Hrsg.): Utopien, Zukunftsvorstellungen, Gedankenexperimente. Literarische Konzepte von einer „anderen" Welt im abendländischen Denken von der Antike bis zur Gegenwart. 2011.

Band 10 Gregor Hufenreuter: Philipp Stauff. Zur Geschichte des Deutschvölkischen Schriftstellerverbandes, des Germanen-Ordens und der Guido-von-List-Gesellschaft. Ideologe, Agitator und Organisator im völkischen Netzwerk des Wilhelminischen Kaiserreichs. 2011.

Band 11 Ghazal Ahmadi: Iran als Spielball der Mächte? Die internationalen Verflechtungen des Iran unter Reza Schah und die anglo-sowjetische Invasion 1941. 2011.

Band 12 Thomas Brünner: Public Diplomacy im Westen. Die Presseagentur *Panorama DDR* informiert das Ausland. 2011.

Band 13 Jonas Kleindienst: Die Wilden Cliquen Berlins. „Wild und frei" trotz Krieg und Krise. Geschichte einer Jugendkultur. 2011.

Band 14 Anne Katherine Kohlrausch: Literarische Selbstverortung als historische Handlung. *The Travels of Dean Mahomet*, 1794. 2011.

www.peterlang.de

Editha Ulrich

„Old England for ever!"

England in den Wahrnehmungen und Deutungen deutschsprachiger Reisender 1870/71–1914

Frankfurt am Main, Berlin, Bern, Bruxelles, New York, Oxford, Wien, 2009.
338 S.
Quellen und Forschungen zur Europäischen Kulturgeschichte.
Herausgegeben von Michael Maurer. Bd. 1
ISBN 978-3-631-58690-7 · geb. € 54,80*

Im Fokus der Studie stehen direkte Begegnungen des deutschsprachigen Bildungsbürgertums mit England. Wie wirkten tradierte Vorstellungen in den Köpfen der Zeitgenossen und welche wahrnehmungsleitenden Muster entfalteten sich, um die erlebte Welt zu ordnen. Dabei wird unter Anwendung historischer, literaturwissenschaftlicher und sozialpsychologischer Methoden interdisziplinär vorgegangen. Die Analyse zeigt, dass sich das Denken der Autoren vor allem seit der Jahrhundertwende als hochgradig durch negativ interpretierte Stereotype geprägt erweist. Es überwiegt die Auffassung, dass die nach wie vor politisch dominierende Weltmacht England ein technologisch veraltendes, wirtschaftlich stagnierendes, von Missgunst und Heuchelei angetriebenes Staatsgebilde sei, welches einem technologisch innovativen, wirtschaftlich erfolgreichen und als zukünftige politische Macht agierenden Deutschland seinen „Platz an der Sonne" neide. Gleichzeitig dokumentieren die Texte eine in der deutschen veröffentlichten Meinung, in Romanen und auf den Theaterbühnen präsente Vieldeutigkeit und Widersprüchlichkeit der Bilder.

Aus dem Inhalt: Englandreisen von der Frühzeit bis ins beginnende 20. Jahrhundert · Entwicklung und Ausprägung von Vorstellungen über England und seine Bewohner · Entwicklung der Reiseliteratur über England · Erfahrungsraum London zwischen literarischem Mythos und sozialer Realität · Bezugsgesellschaft England von der Bewunderung zur Entfremdung · Zeitlich-räumliche Dimensionen der Kontakte · Politisch-gesellschaftlicher Systemvergleich zwischen England und Deutschland · Englische Fremdbilder und deutsche Selbstbilder

Frankfurt am Main · Berlin · Bern · Bruxelles · New York · Oxford · Wien
Auslieferung: Verlag Peter Lang AG
Moosstr. 1, CH-2542 Pieterlen
Telefax 0041 (0)32/376 17 27

*inklusive der in Deutschland gültigen Mehrwertsteuer
Preisänderungen vorbehalten
Homepage http://www.peterlang.de